Franz Joachim Behnisch

Nicht mehr in Friedenau

Franz Joachim Behnisch

Nicht mehr in Friedenau

Eine Vater-Sohn-Beschwörung

F. H. KERLE
FREIBURG · HEIDELBERG

Alle Rechte vorbehalten – Printed in Germany
© F. H. Kerle Freiburg/Heidelberg 1982
Satzherstellung: Leingärtner, Nabburg
Druck und Einband: Freiburger Graphische Betriebe 1982
ISBN 3-600-30091-1

„Man konnte dem Quintus nicht genug von seinem Vater erzählen."

Jean Paul (Quintus Fixlein)

1

Gernot Ostermann möchte genau wissen, wie das ist, wenn sich etwas zuträgt, aber niemand kann es ihm sagen. Also versucht er es zu spielen. Ich, Gernot, spiele es, vor Spiegeln, hinter Spiegeln und auf allem, was Bühne zu nennen ich mir nicht versage, spiele allein, vielleicht zu zweit, einmal oder immer wieder. Nie wieder, sagte Malvi, als sie mich zur Welt brachte. Ich mußte vor dem Gebrauch geschüttelt werden. Meine Zeit! sagte Grandma, als ich endlich atmete. Aber es war doch eher *meine* Zeit, was sich da anschickte, und nur noch schwach die ihre. Es war auch nicht ihre Angst, als zum erstenmal über dem Bettrand Otten für mich aufstieg mit einem Gesicht aus Messing, daß mir der Schweiß kam. Otten, die mondene Bedrohung. Ich bot Preise, um mich von diesem Helm Mambrins loszukaufen. Was für welche, und wem bot ich sie? Medaillen der Anhänglichkeit, dunkle Kreuze der Liebe – wem kamen sie zu? Wer war hier Herr im Haus, oder wen hielt ich dafür? Grandma vielleicht? Sie brachte mir Kamillentee, wenn ich lamentierte. Diesem Otten konnte doch keine Vaterstelle grünen! Es gab keine väterliche Provinz in der gelblichen Ödnis dieses Gesichts. Nichts Vertrautes entdeckte ich an diesem kahlen Schädel, den römischen Nasenrücken entlang, um die Augen oder gar um den grauen Mund, den ein kühles Lächeln umschleierte. Vergebens erforschte ich das glattrasierte Kinn, die Jochbögen, die vollen Wangen nach einer Spur meiner Herkunft. Das Bild eines möglichen Vaters verbirgt mir der Spiegel, wenn er in vorgerückter Stunde *mein* Bild sibyllinisch zeigt und nicht sagt, was er meint. An wen soll ich mich wenden? Malvi schweigt, Grandma weicht aus. Ein großes Bild über Grandmas Bett bringt mühsam Geschichten über Malvis Vater in Gang. Der habe in die Welt gepaßt – also paßte er jetzt nicht mehr hinein. Oder hätte er es doch noch und kommt es, wenn der Tod entscheidet, darauf nicht an? Ruckruck rucken die Figurenscheiben steif und bunt in der Schießbude weiter. Und schießt ein Jäger, schießt der Tod. Wer fällt, der fällt.

Malvis Vater war weder ängstlich noch sauertöpfisch, im Gegenteil. Er konnte sehr übermütig sein, geradezu kindisch konnte er werden, urplötzlich, mit seinen fünfzig Jahren. Läßt beim Rasieren den Seifenschaum fliegen, da flogen dann weiße, steifschaumige Fetzen, lustige Tauben flogen dann überall hin, auf Betten, Kommode und Stühle, da kriegte Mutter die Motten, und Vater lachte: Das macht doch nichts! Das macht uns gar nichts aus. So vergeht die Zeit. Sollst sehen, bald wird es anders. Was denn? Wie denn? Seifenschaum wie Vögel. Aus dem Vogelflug haben sie früher die Zukunft vorausgesagt.

Vater ist wohl meschugge.

Als Portier bei Leineweber trug er eine große, milchkaffeefarbene oder wüstensandhelle Ripsmütze mit einem Messing-Etikett über dem Schirm. Er waltete in der verglasten Loge am Eingang für Personal und Lieferanten und war eine Art Respektsperson. Wie gelang es ihm, trotzdem beliebt zu sein – ohne sich beliebt zu machen? Als er plötzlich sehr krank wurde, schickte die Firma drei Ärzte, aber es nutzte nichts mehr. Malvi mußte aus dem Urlaub zurückgerufen werden. Als sie auf dem Görlitzer Bahnhof ankam, um Mitternacht, herrschte dort noch ungewöhnlicher Betrieb. Hitler hatte mobil gemacht. Malvi fuhr im Taxi nach Friedenau. Als sie zu Grandma hineinging, saß die tränenlos, wie ausgetrocknet unter der tief herabgezogenen Wohnzimmerlampe aus Milchglas mit grünen Fransen.

Es wohnte auch Onkel Wilhelm, Grandmas lediger Bruder, bei uns in der Friedenauer Hinterhofwohnung, ein gutmütiger Mensch. Er betrank sich alle acht Wochen aus purer Gutmütigkeit. Sonst rührte er keinen Tropfen an, brauchte also nicht viel, um betrunken zu werden, kam aber erst gegen Morgen schwankend nach Hause. Dann war Malvi unglücklich. Sie hörte ihn immer sofort, obwohl er keinen Lärm machte. Nur von ihr ließ er sich die Schuhe ausziehen in der Mädchenkammer, wo sein Bett stand. Vielleicht wäre es weniger schlimm gewesen, wenn er randaliert hätte. Aber so, in seiner leise lallenden Sprachlosigkeit, wußte man: mindestens eine Woche würde vergehen, da wird er wie ein Fremder sein. Da bliebe er stumm, weil er sich schämte.

Malvi spielte nicht mehr Klavier, und Grandmas faltenreich-mürrisches Gesicht wurde felsig. Gernot saß auf dem Schaukelstuhl, ohne zu schaukeln. Da setzt der Regulator zum Schlagen an. Über den Hof kommt jemand, vielleicht Otten aus Lichterfelde. Er sieht noch fremder aus als sonst. Wenn es so ist, daß man sich graulen muß vor den eigenen Leuten, dann verzichte ich. Das ist doch kein Leben.

Onkel Wilhelm trug ein Toupet. Wenn die echten, die Seitenhaare zu lang wurden, dann kam ein Verwandter ins Haus, der früher mal Friseur gelernt, aber längst umgesattelt hatte. Die Küche hinter der Milchglastür wurde für eine halbe Stunde zu einer Art privatem Herrensalon. Wenn dieser ehemalige Friseur zu Onkel Wilhelm gerufen wurde, dann versprachen die Zeiten wieder besser zu werden.

Als ich noch zur Schule ging, nahm mich Onkel Wilhelm sonntags mit in verschiedene Flohkisten. Später gingen wir auch in bessere Kinos, wo der Eintritt eine Mark fünfzig kostete, Onkel Wilhelm sagte fuffzehn Groschen. Ich hatte nicht die Furchtlosigkeit von Malvis Vater geerbt und war froh, wenn wir in der Nähe eines Notausgangs saßen. Es gab noch Parketts wie aus vorsintflutlichen Zeiten, da hatten die teueren Plätze Plüschbelag, aber der war meist so abgewetzt, daß es eigentlich egal war, wo man saß.

Onkel Wilhelm hätte mir gern für zu Hause ein Film-Vorführgerät besorgt, aber er trieb nur eine Laterna magica auf, einen graugestrichenen Blechkasten mit qualmender, stinkender Petroleumlampe und einem kleinen Schlot, der hübsch verziert endete. Abends kam sie auf den Tisch im Wohnzimmer. Von der Konsole herab wurde vor den großen Kachelofen ein weißes Tuch gehängt, auf das wir aufregend primitive, eindeutig kolorierte Bilder zauberten. Wenn Leda mit dem Schwan vorkam oder das Urteil des Paris oder eine andere antike Begebenheit, dann mokierte sich Grandma über so viele Nackte. Sie saß in der dunkelsten Ecke des Zimmers in ihrem Plüschsessel und hatte die Arme in die Schürze gewickelt.

Aber wer war mein Vater? So gern ich das gewußt hätte, so schwer wurde es mir, einen meiner Hausgenossen danach zu fragen. Einmal gelang es dann doch. Ich fragte Onkel Wilhelm. Er sah mich eine Weile schweigend an, bis er sagte: Dein Vater ist vermißt. Was war das für ein Wort? Es klang so flach, so wispernd, als müsse man sich scheuen, es auszusprechen. Ich erschrak davor.

Mit der Zeit holte ich einiges aus Onkel Wilhelm heraus. Mein Vater hieß Heinz Ostermann. Witzbolde haben ihn Klostermann gerufen oder sogar Klosterfrau. Anscheinend ist er hauptsächlich von Witzbolden gerufen worden. Er war noch jung, als er verschwand, soll aber schon ein recht faltiges Gesicht gehabt haben. Kleine traurige Figur in der Schießbude des Krieges, obschon von Gestalt lang und beinahe dürr, wurde er früh für den Abschuß oder wofür freigegeben, war aber weder aus Blech noch aus Messing und daher die pure Angst. Als Werbefachmann bei Leineweber hatte er im Betrieb eine Theatergruppe gegründet und zu Betriebsfeiern Revuen inszeniert, diese Beschäftigung war ausbaufähig. Und darum gelang es ihm später als Obergefreiter, dann als Unteroffizier und Rechnungsführer, wenn die Front vergleichsweise ruhig blieb, in mehreren -owos und -owkas auf einer Front-Bühne City-Zauber zu machen, natürlich im Schachtelformat und bei voller Woilachverdunkelung. Besonders seine Finali sollen sehenswert gewesen sein. Otten, der Personalchef bei Leineweber, hat sie im Frontbereich nie gesehen, Otten, die Flechtenblüte, falls Flechten je

Blüten bekommen. Daß Ostermann unsichtbar für mich blieb und Otten allzu sichtbar, deprimierte mich. Am liebsten wäre ich weggelaufen, aber wohin? Ich beneidete die Vögel, die Tauben an den Dächern. Sahnig gelb sahen sie aus. Ihre Farbe ähnelte der Schleppe abgekochter, an der Oberseite langsam erstarrender Milch. Pelz, sagte Onkel Wilhelm, oder Pels: die Pelsen, rief ich rücksichtslos und erschuf mir, was andere Taube nannten oder Columba, eigenwillig als Pelse, das konnte ich Malvi nicht ersparen auf dem Platz, wo mir dergleichen einfiel, wo jemand bunte Papierchen von Fruchtbonbons weggeworfen hatte, und zwar unzerknüllt.

Losgerissen von Malvis Hand, setzte ich über Rinnstein und Fahrdamm, lief an Vorgärten mit schmalen Einfassungen, hellgelb-glasigen Klinkern vorbei, spürte ohne hinzusehen glasigen Himmel über heißem, befahrenem, begangenem, bewohntem Gestein. Eine dunkelbraun-sonnenwarme, frisch-glänzend klebrige, daher an den Schmuckeinsätzen mit angepichtem Staub versehene Hauseingangs-Kassettentür kam mir entgegen. Ich brachte sie nicht ohne Mühe auf und stürzte in einen langen Hausflur, der verströmte massenhaft Hausflurgeruch. Eine Treppe roch gut bürgerlich, ihr Linoleum-Belag war frisch geölt. Dennoch setzte ich mich auf die unterste Stufe, ohne Hoffnung, diesem Geruch je zu entkommen. Pelsen flatterten endlos durch meinen Kopf und fingen an, mich zu belehren: Otten, der dein Vater nicht ist, hat eine gutbezahlte Stellung in jenem Bekleidungshaus, wo Heinz Ostermann Werbefachmann gewesen ist. Otten wohnt nicht in Friedenau, sondern in Lichterfelde. Er läßt sich von Malvi massieren, nicht weil sie meine Mutter, sondern weil sie staatlich geprüfte Masseuse ist. Ihr Diplom hängt im Wohnzimmer unter Glas. Außerdem gibt es zwei Emailschilder mit ihrem Namen und der Berufsbezeichnung, eins am Vorderhaus und eins am Hinterhaus in der Rotdornstraße Nummer sechs.

Ein Menschenalter verging, ehe Malvi in den Hausflur kam. Mein Gesicht war verschmiert. Aber sie hatte geweint, war glücklich, daß ich weinte, und sagte: Hör auf zu weinen. Die Pelsen wurden zwischen uns nicht erwähnt, nie mehr. Bei Grandma in der Hinterhofwohnung gab es keine. Grandma stammte mit zunehmendem Gewicht aus einer Gegend, die mich auf Postkarten nordöstlich anblickte. Da hießen Dörfer wie Inse und Tawe, und ein Fluß führte als Atmath Aale und viel Wasser dem Meere zu, das hörte sie rauschen, wenn sie in der Küche den Wasserhahn öffnete. Wenn sie nicht schlafen konnte, trank sie Zuckerwasser, und gegen Leibschmerzen half ein warmer Sandsack, der in der Ofenröhre bereitlag.

Malvi sagte zu unserm Hinterhaus Gartenhaus. Was für sie Garten war zwischen der Vorderfront des Hinterhauses und der Hinterfront des Vorderhauses, beide verbunden durch eine himmelhohe, verputzte Brandmauer, das bestand aus einem von weißen Klinkern begrenzten Stück Erde, auf dem Fleißiges Lieschen und Efeu wuchsen. Der Efeu rankte an den Beinen eines ausgestopften Hengstes empor, der verhielt stumm in seinem ovalen Beet und wechselte, wie mir vorkam, gelegentlich die Farbe, zum Beispiel wenn Otten erschien. Otten pflanzte sich in die Couchecke oder in

Malvis Renommiersessel und befrachtete sein Organ mit Klatsch.

– Die Wände haben Ohren, mahnte Grandma.

Darauf Otten: Das versteht der Junge doch gar nicht.

Dabei wuchs bereits aus jeder dritten Tapetenblume eine Gehörmuschel. Und Augen hatten diese Wände schon lange. Sie blickten zum Schein in ein Bilderbuch. Aber in Wirklichkeit schielten sie nach Otten, wie er da präsidierte, den Knoten seiner Krawatte mit dem Daumen nach oben drückte, einen Fussel von Ärmel oder Hose strich oder mit gepflegten Handinnenflächen die Lehnen des Sessels polierte. Ich wußte, daß Malvi sich darüber ärgerte, und ich ärgerte mich über sie, weil sie es ihm nicht sagte.

Es kam die Zeit, in der Malvi mich regelmäßig nach Lichterfelde mitnahm. Für diese Fahrten hatte sie mir einen Matrosenmantel mit goldenen Ankerknöpfen gekauft. Ich mußte dazu einen dunkelblauen Glockenhut mit schwarzem Ripsband aufsetzen. Diese fabelhafte Kopfbedeckung wurde am Hinterkopf festgehalten, durch ein Gummi unter dem Kinn. Ich haßte das teuere Stück. Malvi schwärmte mir von Lichterfelde vor. Kein Wunder, daß ich, solange ich sie nicht durchschaute, schon auf dem Stadtbahnhof, auf dem wir ankamen, die Beamten mit Ehrfurcht betrachtete. Sie kamen mir so erhaben vor, daß ich mich geschämt hätte, ihre Perrons mit schmutzigen Schuhen zu betreten. Um unsere Fußbekleidung stand es damals nicht zum besten, aber Malvi traktierte sie immer derart, daß man sie bei einigem guten Willen als passabel bezeichnen konnte.

Otten wohnte im Hochparterre einer alten Villa. Im Wohnzimmer stand auf einem hellgebeizten Schrank der halbmeterhohe, schwarze Abguß des berühmten Sonnenanbeters. Mit seinen emporgereckten Händen berührte er beinahe die Stuckdecke. Die Figur hatte etwas Schwebendes, Geheimnisvolles. Sie trug meine Ahnung mittels unerwarteter, weil bisher unbekannter Schwungfedern zu sich hinauf. Ihre schwarze Härte wurde in der wachsenden Dämmerung weich, sie stand, ein ausflockender Neumond, hoch am Firmament von Ottens guter Stube. Otten zog illustrierte Jahresbände alter Familienzeitschriften aus seinem hellen Wäscheschrank, der ebenso selbstverständlich Bücher wie Grandmas schwarzer Bücherschrank in Friedenau Wäsche enthielt, legte sie mir zum Anschauen auf einen Mahagonitisch, schlug sich ein großes Frottiertuch über die Schulter und verließ mit seiner Masseuse den Raum. Ihre Schritte verloren sich in einem langen Korridor.

2

Während unzählige Menschen, Kunden und Nichtkunden, durch die gläserne Tür des Haupteinganges in das Bekleidungshaus Leineweber treten, komme ich allmählich in die Jahre, zwischen Friedenau und Lichterfelde. Der verschollene Vater, mein mir unbekannter Soldat, hatte mir, wenn meine spärlichen Informationen nicht trogen, außer dem gelblichen Teint und einem Wirbel schwarzfettiger Haare die Neugier vererbt. Ich lechzte frühreif nach Enthüllungen. Noch nicht schulpflichtig, verschlang ich jahrgangsweise reichbebilderte Zeitschriften, nicht nur solche für Heim und Familie, wie sie sich zahlreich in beiden Häuslichkeiten fanden. Dagegen nahm mein Interesse für die Bilder der Laterna magica ab. Was sollte mir der Dom zu Köln oder ein Fischerboot vor Rossitten? War mein Vater am Rhein abgeblieben? Hatte er etwas mit dem Kurischen Haff zu tun? Nicht ausgeschlossen. Vielleicht ist er dort gefallen. Als er einberufen wurde, so erzählt Onkel Wilhelm, da setzte er den Kaffee auf seinen Spirituskocher und starrte aus dem Fenster. Erst als der Blechtopf zu glühen anfing, merkte er, daß gar kein Kaffee mehr darin war. Der Gebrauchswerber Ostermann. Der Eigensinn. Die Nachtlampe mit den grandiosen Finali. Das mürrisch-hilflose Ende vom Liede.

Ich kam in die Volksschule. Die Uhrkette über dem Bauch des Konrektors und die nichts mildernde Tolle des kleinen, bösartigen Gesanglehrers verfolgten mich im Traum. Jemand in unserer Klasse, eine Winzigkeit mit verängstigtem Gesicht, machte sich verdächtig, weil er nicht kikeriki nachsagen konnte, um keinen Preis. Er versuchte es immer wieder, gutwillig, verbissen, masochistisch, selbstmörderisch, für die Zuhörer zuerst belustigend, dann befremdend, peinlich, zuletzt niederschmetternd. Die puter-pustelrot angelaufene Lehrerin schlug dafür dem traurigen Zwerg einmal links, einmal rechts in sein Dörrobstgesicht. Zu oft hieß das Klassenpensum Angst und Scham, wir lernten es nicht mühelos. Beim Schnellrechnen kam ich meist nicht nach, war unter den letzten oder blieb überhaupt als letzter stehen, preisgegeben dem geschickteren Teil der Menschheit, seinem Hohn und Spott. Ich fing an, noch mehr Mauern um mich zu ziehen, und lebte so vor mich hin. Aber es geschah öfter, daß mich der Konrektor plötzlich aus meinem Kernwerk holte, nämlich dann, wenn er keine Lust mehr hatte oder zu müde geworden war, uns zu traktieren. Auch bei Stromsperre, wenn der Tag düster war und niemand mehr lesen konnte, rief er mich nach vorn und überließ mir das Feld. Er lehnte sich hinter der letzten Bank an die Wand, Hände auf dem Rücken, blinzelte ins Leere, wippte ein paarmal aus dem Becken heraus und machte gar nicht mehr den Versuch, das Gähnen zu unterdrücken.

– Fang an, Ostermann, sagte er schläfrig. Erzähl was.

Das ist leicht gesagt. Was soll ich denn erzählen, und wie beginne ich? Es war einmal ein Traumtänzer, der hätte besser nicht geboren werden sollen. Wie fängt man es an, jemand deutlich zu machen, daß etwas anfängt? Möglicherweise so: Als mein Vater in den drekkigen Krieg zog. Oder so: Buster Keaton ist immer traurig, wenn man über ihn lacht. Das ist, genau gesehen, falsch. Der Mensch Buster Keaton kann keineswegs traurig sein, wenn man über ihn lacht, nämlich über den Filmstar Buster Keaton. Warum also lacht man über ihn, da er doch nicht traurig ist? Vielleicht sah Vater diesem Buster mit dem Flachhut ähnlich.

Seeoffizier Sawbridge und Seekadett Jack Easy gehören zur Mannschaft eines Schiffes, das in dem beliebten Buch von Kapitän Marryat nach Malta fährt. Diese Namen sprach ich vor der Klasse deutsch aus, weil ich noch nie etwas von englischer Phonetik gehört hatte und über die richtige Aussprache sehr erstaunt gewesen wäre. In das Fahrwasser irgendeiner Handlung geraten, lasse ich nach Belieben ihre Fäden ausfransen oder wieder zusammenschießen, das hält selbst einen müden Konrektor wach. Während ich noch probierte, kam ich schon ins richtige Erzählen und vom Erzählen ins Vorspielen, war Don Quichotte und Captain Hornblower, Blücher und Napoleon. Sancho gab ich den Typ des Konrektors, der merkte es gar nicht, war zu dumm oder doch zu schläfrig oder beides zugleich. Aber die Klasse merkte es und klatschte wie verrückt, wenn ich erschöpft abbrach und vom Podium stieg. Ich ließ den Kopf hängen und die Schultern, das Kinn berührte die Brust, die Spitzen meiner lampenschwarzen Haarsträhnen fielen mir in die Stirn, während ich wie mich entschuldigend oder skeptisch die Handflächen auswärts drehte.

Manchmal setzte ich mich im Park auf eine Bank, nahm einen Zweig oder einen länglichen Kiesel, oder ich holte einen Bleistiftstummel aus der Tasche und zeichnete Figuren in den Sand. Ich kopierte einen Faun oder eine steinerne Dame, die in den Rabatten standen, zeichnete von unten nach oben, die Füße, die Waden, die Knie, die Schenkel, den Bauch, die Brust, die Schultern und zuletzt den Kopf. Wenn ein Wärter kam, wischte ich alles schnell weg. Mißtrauisch sah er mich an.

– Na, sagte er, hier ist kein Spielplatz. Wenn du spielen willst, dann geh in den Sandkasten.

– Dazu bin ich zu groß.

– Dann mach, daß du nach Hause kommst. Das hier ist kein Platz für dich.

Ich wagte nicht, ihm zu widersprechen. Kein Platz? dachte ich. Im Gegenteil, hier ist genau mein Platz, die einzige Stelle im Park, die besonders mir zukommt, der Wärter weiß es nur nicht, natürlich nicht. Ich stand auf und ging weg, der Wärter dachte, ich ginge nach Hause. Aber es gab in diesem Park Orte, an denen ich mich versteckt halten konnte, solange ich wollte oder wenigstens so lange, wie ich nicht glaubte befürchten zu müssen, Grandma oder Malvi würden sich wegen meines Ausbleibens Sorgen machen.

Wenn ich mit Onkel Wilhelm im Kino saß und all die fabelhaften Leute auf der Leinwand sah, dann fragte ich mich, ob ich nicht auch in dieser Richtung Chancen hätte. Malvi allerdings hätte mich lieber als Opernsänger oder wenigstens als Operettenstar gesehen. Sie hielt mich seltsamerweise für musikalisch begabt, dabei hatte ich auf dem Gebiet noch nichts weiter vorzuweisen als die Letzte Rose mit einem Finger auf Onkel Wilhelms Klavier. Jemand hatte es lange vor meiner Zeit Onkel Wilhelm verpfändet und nicht mehr eingelöst. Es machte seine Kammer, diesen schlauchartigen Raum mit dem hohen schmalen Fenster zum Hof, noch schwindsüchtiger, als sie schon war. Onkel Wilhelm konnte nicht spielen, aber Malvi soll gespielt haben, früher, als sie noch nicht massierte, und zwar ohne Noten und immer sehr flott, mit gespreizten Fingern und ausgewinkelten Ellbogen.

Was ich längst erwartet hatte, geschah: Malvi verkrachte sich mit Grandma und beschloß, zu Otten nach

Lichterfelde zu ziehen. Natürlich nahm sie mich mit, ob Otten das paßte oder nicht. In meiner Dummheit war ich zuerst ganz froh über den Wechsel, weil ich Grandma nicht mehr den Eimer mit Mist nachzutragen brauchte, wenn sie irgendeinen Reitstall nach Pferdeäpfeln durchgekämmt hatte, um damit die Pflanzen des ovalen Beetes zu düngen, in dem das ausgestopfte Pferd auf unserem Hof stand. Nur allzu bald sollte ich es bereuen. Mir wurde hundeelend in dem eleganten Lichterfelder Haus. Malvi war sehr nett zu mir, sie gab sich alle Mühe, mich über die Gegenwart Ottens, dieses phänomenalen Glatzenkönigs, hinwegzutrösten, und brachte allerhand Masseusen-Charme in die teuere, aber frostige Behausung. So wurde denn der erste Winter ohne die Friedenauer trotz alles Widrigen beinahe familienähnlich. Das Trauliche schaute versuchsweise aus den Ritzen. Aber je länger es dauerte, desto mehr mußte ich an den Friedenauer Hinterhof denken und an das ausgestopfte Pferd mit den wechselnden Farben. In meiner Vorstellung taten sie das nämlich. Oder hatte ich es geträumt? Meiner Berechnung nach mußte es jetzt ein Rappe sein. Ich dachte an die andere Teilfamilie und malte mir aus, was sie treiben mochte. Ging Onkel Wilhelm, von seinen wirklichen und von seinen angeblichen Freunden mitgezerrt, gelegentlich noch immer auf Sauftour, und wenn ja, schlief er danach mit angezogenen Schuhen, weil Malvi nicht mehr da war, um sie ihm auszuziehen? Schimmelten in der Schublade des Küchentisches die Brotrinden, die Grandma und er nicht beißen konnten und die ich gewöhnlich mit Vergnügen wegputzte? Ganz klar: Grandmas Sandsack bleibt in der Röhre kalt, niemand heizt ordentlich. Pelzabfälle kommen zwar immer noch in den Ofen, aber davon wird es nicht richtig warm. Brummig wickelt sich Onkel Wilhelm in seine rote Decke, setzt sich in den Plüschsessel und streckt die Füße von sich. Grandma sitzt krumm am Herd auf dem Kohlenkasten, die Schürze um die Hände gewickelt. Aber das Emailschild am Vorderhaus wirbt nach wie vor für Malvi. Das Glasauge des ausgestopften Pferdes hat nichts dagegen, nichts dafür.

Ich hielt es nicht mehr aus und bettelte so lange, bis mir Malvi erlaubte, unsere beiden Alten zu besuchen. Onkel Wilhelm, von dem ich bis dahin noch kein frommes Wort vernommen hatte, rief einmal über das andere Gott Lob und Dank, als ich auftauchte, Grandma verheizte ihren gesamten eisernen Vorrat an Kistenbrettern und entrindete meinetwegen das halbe Brot. Ich tanzte in der Parterrewohnung herum, setzte mich ans Klavier, ließ mir ein Stück Brotrinde wie eine Pfeife aus dem Mund hängen und spielte im Stil Malvis mit unvorschriftsmäßig ausgewinkelten Ellbogen Die letzte Rose, aber als Jitterbug. Onkel Wilhelm sagte: Bist du verrückt? Später ließ er sich in den Sessel fallen und stöhnte ein bißchen. Auch Grandma schien es ganz passend zu finden, daß unser Klavier schwarz war.

3.

Mein oller verschollener Erzeuger – er war noch nicht 37, als ihn aller Wahrscheinlichkeit nach der Dreckskrieg fraß – konnte durch geringe Anlässe aus seiner unglaublichen Lethargie gerissen werden. Das bestätigte Onkel Wilhelm. Ich habe ja alles, was meinen Alten betrifft, aus zweiter Hand, aber ich kann mir gut vorstellen, nachspielen könnte ich es, wie er verschlafen, mit verquollenen Augen und mit Stroh im zerwühlten Haar, den schmalen Kragen der Feldbluse hochgeschlagen, um Mitternacht in jener polovzischen Kirche erschien, wo seine Kameraden – im Zivilleben Gebrauchswerber verschiedener Firmen der Innenstadt, Eintänzer in Nepplokalen, als Frauen verkleidete Veilchenhändler aus den Bars der Motzstraße, ein kesser Friseur und der homoerotische Sohn eines Pastors aus dem Bezirk Tiergarten, ich kann mir denken, wo und wie sie dort im Licht von Lkw-Scheinwerfern auf der roh gezimmerten Bühne tingelten, das heißt eine ihrer schauderhaften Landser-Revuen in die Hauptprobe gehen ließen. Er blinzelte wohl eine Weile in das perverse Rampenlicht, mit hochgezogenen Schultern, tief in den Hosentaschen verpackten Händen, und machte ihnen von einem Augenblick zum anderen einen Heidenkrach, schrie, daß seine ohnehin dicken Tränensäcke noch mehr anschwollen und gefährlich dunkel wurden. Offenbar hatte das Ensemble seine Direktiven mißachtet, aber das ließ ihn erst richtig schöpferisch werden. Mit einem Satz sprang er auf die Bühne, gruppierte Hauptdarsteller und Komparsen um, warf also mitten in der vorletzten Probe die ganze Szenerie durcheinander und improvisierte ein Finale, das alle hinriß und versöhnte und an Qualität die gesamte Darbietung übertraf.

Ich saß und stierte. Wenn ich abdriftete in die Tagträume von meinem mir ziemlich unbekannten Alten, dann war ich für den Unterricht verloren. Traf es mich in der Turnstunde, so wurde es nicht besser, im Gegenteil. Die pädagogische Ahnungslosigkeit in Gestalt eines sadistischen Sportlehrers stieß mich zum Gerät. Ich angelte nach den Ringen und nahm Anlauf. Jetzt hätte ich dem Muskelprotz etwas beweisen sollen, aber es gab nichts zu beweisen außer meiner Unfähigkeit im Geräteturnen. Fortan war ich für ihn eine Art Dummer August. Er lieferte mich besonders dem Gespött der Rabauken aus, sportlich gewandter Sitzenbleiber oder lässig-überlegener Alkohol- und Nikotin-Konsumenten. Das halbe Jahr, in dem ich Schwimmunterricht, soll ich sagen: genoß?, wird in meiner Erinnerung den deprimierenden Chlorgeruch nicht los. Gleich in der ersten Stunde ließ der Folterknecht von einem Pauker alle Nichtschwimmer, zu denen selbstverständlich auch Gernot Ostermann gehörte, vom Drei-Meter-Brett ins tiefe Wasser springen. Wenn man auftauchte, hatte man eine Bambusstange vor der Nase. Man griff danach wie verrückt, hatte sie dann und ließ sich an die Stahlleiter des Beckenrandes manövrieren. Grinsend sah der Sadist zu, wie wir nach dem Hinaufklettern auf den glitschigen Fliesen dahintappten, noch ganz benommen von der überstandenen Luftknappheit in dem kachelgrünen Unterwasserlicht.

Sonntagvormittags schleppte uns Otten manchmal in die Kirche, Malvi und mich, und zwar in eine katholische. Vielleicht wollte er sich dadurch einigen ehrsamen Bürgern des Vorortes empfehlen. Als Personalchef einer renommierten Firma, der mit seiner Masseuse zusammenlebte, glaubte er es sich und anderen schuldig zu sein. Aber ich will ihm nicht unrecht tun. Seine wahren Absichten blieben mir ja verborgen. Ich hatte nichts gegen Kirchenbesuch, er enthob mich womöglich unangenehmerer Belästigungen an Ottenschen Sonntagvormittagen. Der gemeinsame Weg durch ein gepflastertes Stück feiertäglichen Lichterfeldes höhlte mich allerdings aus. Es war nicht zu vermeiden, einer Reihe ausgezeichneter Persönlichkeiten zu begegnen. Mancher, der Otten aus weiß Gott welchem Grunde am liebsten ins Pfefferland gewünscht hätte, grüßte ihn mit Knick-Devotion, mimte Ehrsamkeits-Blick. Da wurden Hüte gezogen von Charakterköpfen, die Heuchelei schoß mächtig ins Kraut. Mir ballte sich die Faust von selbst in der Tasche. Mit dieser frommen Gebärde betrat ich das Gotteshaus.

Gleich zu Beginn der Liturgie fällt mir wieder meine alte Klosterfrau ein, mein Ostermann-Vater. Wie hätte er sich benommen angesichts so überwältigender alter oder neuer Wichtigtuer? Es waren Typen darunter, die hatten früher Buch geführt über Leute, die sonntags in die Kirche gingen. Vater, der du bist – ja, wo bist du eigentlich? In der Gefangenschaft vermißter Rechnungsführer. Er hätte manchen verachtet von denen, die sich wieder mal nach vorne drängten. Vielleicht wäre ihm auch Malvi gleichgültig geworden. Was wird er schon groß gewußt haben von dieser Masseuse? Zu seiner Zeit war sie noch nicht staatlich geprüft gewesen. Sie wurden ferngetraut, wie das damals so umwerfend hieß. Hier wäre er erst gar nicht reingekommen, oder er hätte zuerst ein paar Schmarotzer rausgeschmissen. Wir sind schon beim Gloria. Ein Jammer, daß ich meinen Alten nicht leibhaftig kannte! „Mehr als man Jaser beweint, wein' ich um dich, Rebstock von Sibma": Spruch des Propheten Jeremias. Lesung und Evangelium. Gleich legt der Geweihte mit seiner Predigt los, es kommt also darauf an, die nächsten zwanzig Minuten mit Fassung zu überstehen. So viel Zeit zum Vertun, und meinem Erzeuger haben sie nicht Zeit gelassen, wenigstens in die mittleren Jahre zu kommen. Ich fühle mich jetzt schon wie sein Großvater.

Credo und Opferbereitung. Wer eigentlich kann ernsthaft behaupten, ich hätte keinen Schimmer von dir? Malvi hat zwar nicht viel erzählt, aber Onkel Wilhelm hat es, und auch Grandma ließ einiges verlauten. Bei Leineweber gibt es noch manchen, der sich an dich erinnert. Vor allem die sogenannten kleinen Leute lassen nichts auf dich kommen. Daher warst du auch eher entbehrlich als Otten, als dann der Krieg kam. Du konntest von Glück reden, daß du für ein paar Monate aus der vordersten Stellung gezogen wurdest, um gleich hinter der Front Theater zu spielen. Tingeltangel im Planquadrat einer russischen Batterie, die sechs Kilometer von eurer mickrigen Bühne entfernt aus Jefremow ihr Störungsfeuer herüberschoß. Als Schauspielhaus diente, wie du als Urlauber erzähltest oder andeutungsweise der Feldpost anvertrautest, eine Kirche, die ehemalige Dorfkirche von Tschirm, ein Rundbau auf einer der langen sanften Kuppen des mittelrussischen Landrückens. Ihr Inneres hatte schon Gröberes beherbergt als eure Gags und nacheinander als Krautsilo, Traktorendepot und Kolchoskino gedient. Zu deiner Zeit war dort also Ostermanns Bunte Bühne, auch Uskwa-Brettl genannt, nach jenem Nebenfluß der Oka, an dessen westlichem Ufer damals eure Stellungen lagen. Ein nur langsam versteppender Flor auf kleinen Rasenbänken an der Nordseite des ehemaligen Gotteshauses ließ nicht zu, daß man ihn ganz vergaß, den Friedhof nämlich. Dort befand sich seit eurem Einzug im Frühjahr die Behelfslatrine, mitten in dem berühmten, hochwinterlichen, dann überraschend prall sommerlich einsetzenden Festlandsklima. Während der Schneeschmelze hatten sich rohe Balken beobachten lassen. Sie trieben an einem zu flach beerdigten Bohlensarg auseinander. Bei der Verrichtung in tiefer Hockstellung saß man in der Gesellschaft eines toten Popen. Weißsilbern gekleidet lag er unverwest, wächsern und langbärtig in seiner unsoliden Kiste, zu seinen Füßen die weißverpackte, mitteldicke gelbliche Kerze einer Totgeburt oder eines noch sehr unmündig verstorbenen Kindes. Später soll ein Volltreffer der jefremowschen gegnerischen Kanonen die Spielzeit beendet haben, indem er unter anderem das eiserne Gitter des Fensters der Sakristei abriß und in die Luft warf. Irgendwo am Fuß des Hügels erreichte es wieder die Erde und blieb – unglaublich verbogen – auf der von vielen Schlittenkufen und Radspuren abgewirtschafteten Haut des vierten Kriegswinters liegen. Das Gewölbe des Zentralbaus, dieser steinerne Deckenbehang, kam herunter und deckte alles zu, was hier getingelt hatte. Diese Detonation betraf auch den alten Friedhof. Wenn sie einige Körper zerstört hat, so wird es für die Betroffenen im wesentlichen schmerzlos gewesen sein, besonders für den Popen und das Kind. Wandlung. Verwandlung von Brot und Wein. Ostermann hatte einen sechsten Sinn für Gefahren. Wenn maßlose Angst schützen kann – viele bezweifeln das –, so schützte sie ihn wieder einmal. Er war wie üblich und unter Aufbietung aller Kräfte, das heißt schon beim Heranorgeln der schweren Koffer, weggelaufen wie der Teufel. In der Panzerfibel heißt es zwar ,,Wer läuft, stirbt", aber das ist einem Fluchttyp schwer einzuimpfen. Ostermanns Instinkt führte ihn richtig, er war wieder einmal gerettet. Wofür? Zunächst doch für die Suppe, die irgendwann in Kanistern herangebracht wurde. Dann vermutlich für die Feldpost oder für Marketenderware, ferner für gelegentlichen Aufenthalt in Soldatenheimen und Kinos zerbombter Städte, für Kompanieabende, Horchposten und Rückzüge, einmal noch für Heimaturlaub, schließlich für die Gefangenschaft. Nach Lgow, einer Insel des Holzkommandos, kommt – wie uns später ein Herr namens Lenzen erzählte – die Verpflegung normalerweise nur jeden achten Abend. Der Lkw hat den holprigen Weg durch die Wälder genommen, weil er kürzer ist als der Transport per Schiff, und bleibt weit drüben am anderen Ufer der mächtigen Tichwinka stehen. Der Fahrer klettert heraus und zündet einen Holzstoß an, damit man in Lgow aufmerksam wird. Das ist das Zeichen vor allem für meinen Alten, einen lethargischen Menschen mit Anfällen von bestialischem Eigensinn. Er rudert hinüber, ladet den Kahn voll und kehrt um. Die Sturmwarnung eines Fischers beachtet er nicht. Das Wetter setzt ein, kommt alttestamentlich, von einem Augenblick zum anderen, löscht alle Richtungsfeuer hüben und drüben, Schwärze fällt senkrecht auf den Acheron. Proviant geholt für Lgow, unendlich viele Meilen weg von Ithaka, da klingen die Violinen wieder. Auch hier gibt es plötzlich Musik ,,über den Wellen", das war mal ein Walzer von Ivanovici, Malvi hat ihn gespielt in Friedenau auf Onkel Wilhelms schwarzem Klavier, mit ausgewinkelten Ellbogen und ohne Noten. Wenn man ihn hört, denkt man an altösterreichische Badeorte, Ischl, Teplitz, Marienbad, anheimelnde Namen, da wandeln Herrschaften durch Herrschaftseingänge bei gesprenkeltem Sonnenlicht und mit Stöckchen und hellen Schirmen und Brunnengläsern in der Hand, sie haben alle Hände voll zu tun. Auch hier auf dem Styx alle Hände voll zu tun, aber kein Licht, nicht einen Tropfen, fürchte ich kein Unglück, denn DU bist bei mir, wenn wir fahren, fahren gegen Aeolus. Gegen Bogenlampen und Walzer altösterreichischer oder Friedenauer Machart. Der du bist im Himmel. Der Kahn ist leck. Am Wannsee wäre bei solchem Wetter der gelbe Ball hochgegangen. Aber wir sind hier in keinem Strandbad, schon gar nicht an der Havel. Nur Grandma wüßte, was bei dieser Windstärke fällig ist, denn sie stammt von der Küste, nördlich von Inse und Tawe. Dort führte und führt noch ein Fluß, ob preußisch oder polnisch, vielleicht russisch, als Atmath Aale und viel Wasser dem Meer zu. Du nimmst hinweg die Sünden der Welt. Meerstern, ich dich grüße, wenn ich dich auch nicht sehe. Ich kann hier ja nicht mit der ganzen Verpflegung abjapsen. Sie werden womöglich denken, ich sei stiften gegangen. Hörst du mich, wie ich jetzt schrei'?

– Du schreist gegen den Wind.
– Lamm Gottes!
– Ich bin gespannt, wer dich hört.
– Erbarme dich unser.
Immer im Kreis herum.

– Gib uns den Frieden.

Geh, na, geh doch schon. Die Entlassung findet statt.

4

Gefangennehmen und Gefangensein spielte ich wohl nicht? Doch, gewiß. Vor allem mit meinen Handpuppen setzte ich so etwas in Szene: Der Zauberer und die Prinzessin, Kasperl bei den Kabylen. Die Anzahl der Zuschauer war immer begrenzt, in Friedenau wie in Lichterfelde, selten mehr als zwei. Eigentlich bin ich gar kein Publikumstyp, deshalb spielte ich am liebsten allein, spielte mehrere Personen, Frager und Antworter hintereinander, hätte sie am liebsten gleichzeitig gespielt. Das ging durch die ganze Wohnung, am besten, wenn niemand zu Hause war. Leider kam ich nicht mehr mit Onkel Wilhelm ins Kino. Was sich nicht vermeiden ließ, war gelegentlich ein Theaterbesuch im Kielwasser von Otten und Malvi. Wichtigkeit! Ich wußte im voraus, daß mir das bombastische Geleit jeden Genuß verderben würde. Es war dumm von mir, mich so negativ von dem Glatzenkönig beeindrucken zu lassen, denn nun wurde mir ja geboten, worauf ich immer scharf gewesen war: echtes Theater. Hier konnte ich etwas lernen. Und das tat ich ja auch. Wenn das Licht im Zuschauerraum gelöscht war, vergaß ich den Helm Mambrins neben mir und seine festlich gekleidete Masseuse. Himmel, wie war mir zumute, wenn Hoffmann dem Kellner das Nickeltablett aus der Hand schlug, weil man bei Lutter und Wegener zwar seinetwegen die Spiegel verhängt, aber die spiegelnden Tabletts vergessen hatte. Sie mußten Hoffmann, wenn er zufällig hineinblickte, daran erinnern, daß er sein Spiegelbild verschleudert hatte – für einen erotischen Spuk. Oder wenn Peer Gynt heimkommt nach langer Irrfahrt, länger, als Odysseus gebraucht hat, und Solveig wartet auf ihn, ohne sich je mit einem Otten oder einem ähnlichen Typ eingelassen zu haben. Ich war so erledigt, daß ich beschloß, eine Heimkehr-Oper zu schreiben. Sie sollte in der Gegenwart und zugleich in einer Zeit spielen, die ich für so etwas wie das Mittelalter hielt. Beide Epochen wollte ich ineinanderschieben, kurz, das Verrückteste, was sich denken läßt. Ort der Handlung: eine Großstadt. Wo im Mittelalter eine Burg war, steht jetzt ein Bau aus Beton und Sekuritglas. Unten hat sich ein Schlemmerlokal etabliert. Da sitzen all jene, die wieder etwas sind oder sich für tonangebend halten, all die zahlungskräftigen alten und neuen Leute vor den großen Schaufenstern unter der Marquise, auch an kalten Abenden, denn der Vorplatz wird geheizt. Löwenherz kommt nach Hause Mitte Februar, es ist ein Jahr mit spätem Fasching. Sein Waffenrock fällt nicht weiter auf, es handelt sich um ein Mittelding zwischen Kettenhemd und Feldbluse, mal wirkt es wie das eine, mal wie das andere: eine Angelegenheit für den Beleuchter. Von seiner Geschicklichkeit wird eine Menge abhängen. Ob nun die eine Epoche oder die andere, jedesmal oszilliert an bestimmten Stellen, aber nicht nur an der Löwenherzschen Montur, sondern auch an den wundervollen frisch hochgezogenen Wänden, sogar auf der Abendgarderobe und auf den gepflegten Händen und Gesichtern des feinen Publikums der Grind, der Aussatz, Bodensatz schlammiger Flüsse, die Asche von Gräben, Kellern oder Grüften. Es wird ebenso malerisch wie erschreckend sein. Löwenherz, ein etwas mehr als mittelgroßer, schmächtiger Mann mit olivfarbenem Teint und schwarz-strähnigen, in die Stirn hängenden Haaren, erkennt mit wahnsinnigem Scharfblick an dieser City-Ecke den Platz, wo vor achthundert Jahren seine Burg gestanden hat. Mit Bitterkeit und vielem Trotz in der blechernen Stimme, und während er die widerspenstigen Strähnen aus der ins Gelbliche spielenden fliehenden Stirn streicht, singt und sagt er, niemand könne ihm verwehren, das Gebäude, diesen neuen Elysée-Palast, oder wie das mondäne Glas- und Betonding heißt, unverzüglich zu betreten. Kein Mensch hat Interesse daran. Und so begibt er sich – zu seiner Enttäuschung ungehindert – in das Lokal, diese Luxushöhle, in der alles funkelt und gleißt, Silber und Gold, Nickel und Chrom, und die Spiegel – unwahrscheinliche Lampengebilde reflektieren sie. Getuschte Wimpern klappen langweilig oder gelangweilt auf, zeichnen einen dunklen Strahlenkreis über Augen, die für eine knappe Sekunde, nicht länger als der Zug aus einer Zigarette dauert, an ihm hängenbleiben. Dieser Laden würde ihn glatt umwerfen, wenn er nicht Richard Löwenherz und mit Abenteuern der verwegensten Art vertaut wäre. Der Empfangschef kommt auf ihn zugesegelt, irgend so eine Mischung aus Otten und meinem schläfrig-arroganten Konrektor.

– Wo ist Bedford? herrscht Löwenherz ihn an.
– Wie belieben?

– Ich frage, wo mein Freund Bedford ist!

Der Empfangschef ist natürlich nicht gleich im Bilde, er senkt den Kopf, greift sich an die Schläfe. Der Oberkellner kommt ihm zu Hilfe, ein Typ, der seine Unverschämtheit in eiskalte Höflichkeit packt.

– Meinen Sie den Hausdiener? flüstert er, aber so, daß alle ihn verstehen, dabei grinst er frostig.

Dem ist mein Löwenherz nicht gewachsen. Er knallt dem Frechling seinen Fehdehandschuh in die Visage, da ist das Schlemmerlokal im Handumdrehen zu einer Kaschemme voll rüder Einzelkämpfer geworden. Damen geben schrille Laute von sich. Und das alles zu meiner Musik!

Ich war so versunken in meine innere Schau, daß mir die Vorgänge auf der Bühne entglitten. Lebensechtes Kreischen brachte mich in die Wirklichkeit zurück. Mit einem Schlage wurde der Zuschauerraum hell. Schauspieler verließen fluchtartig die Bühne, mitten im letzten Akt. Denn vom Schnürboden stürzte ein wahrer Wolkenbruch, kein dramaturgisch verordneter Regen herab, überschwemmte die Szene und floß in den Orchestergraben. Die Musiker, heldenmütiger als oben die Charakterdarsteller, hielten ihre Instrumente hoch über die Köpfe. Nur wenige verloren die Nerven, warfen die Geigen, die Klarinetten, die Trompeten in den rasch ansteigenden See, der in dem Orchesterraum entstand, und kletterten über die Barriere ins Parkett. Hier hatten die Inhaber von Plätzen in den ersten Reihen bereits das Terrain geräumt, einige mit nassen Füßen. Während zweite und dritte Violinen als unbemannte Traumboote einsam am Rand der Bühne dahintrieben, wurde der eiserne Vorhang heruntergelassen. Von einem eigentlich maulfaulen Burschen, der vor unserer Einlaßtür galoniert mit Programmheften herumsteht und auf Trinkgeld lauert, erfuhren wir mit einiger Mühe, daß die automatische Anlage zur Beregnung der Bühne bei Feuergefahr von selbst losgegangen sei. Sie ist mit der Hauptwache der Feuerwehr verbunden, dort löst sie ein Alarmzeichen aus. Ich glaubte dem hochnäsigen Frack kein Wort. Aber da hatte ich ja mein Finale: Richard Löwenherz, während seiner letzten großen Szene von plötzlich auftretenden Feuerwehrleuten umringt, scheitert an der Trivialität der Technik.

5

Bald danach träumte ich, daß ich mit irgend jemand eine Auseinandersetzung hatte. Es war sehr dunkel, ich konnte mein Gegenüber nicht erkennen. Um was es eigentlich ging, das wußte ich auch nicht. Anscheinend pöbelten wir uns an wie manchmal die Besoffenen, um nichs. Da hörte ich mich ohne jeden Zusammenhang zu ihm sagen: Haben Sie schon mal Theater gespielt, ich meine auf einer richtigen Bühne?

– Nicht eigentlich, kam zögernd die etwas piepsige Antwort.

– Aber uneigentlich? In welchem Rollenfach denn? Als komische Alte?

Warum bist du so ausfallend zu ihm? dachte ich. Er ließ sich nicht aus der Ruhe bringen.

– Nicht als Schauspieler, sagte er, bloß als Geiger. Ich habe als Gefangener in einem Lagerorchester zweite Geige gespielt. Lager? dachte ich und wagte nicht weiterzusprechen. Womöglich ist er mit meinem verschollenen Finale-Spezialisten in demselben Stall gewesen. Ich blieb still, fragte ihn nicht mehr, um mich durch eine weitere Antwort nicht der Illusion zu berauben, es könnte so gewesen sein.

Ungefähr zu der Zeit wurden wir mit Herrn Per Lenzen bekannt. Er kam zu Malvi nach Lichterfelde und brachte die erstaunliche Nachricht, daß mein Alter noch gelebt habe, kurz bevor er, Lenzen, aus dem Lager entlassen worden sei. Er könne eine ganze Menge von Ostermann erzählen, wenn sie Wert darauf lege. Ich weiß nicht, wie sie darüber dachte, vielleicht wollte sie sich mit ihm weder in Ottens Wohnung noch draußen irgendwo treffen. Aber ich verabredete mich mit ihm, mal in Lichterfelde, mal in Friedenau. Wir saßen im Lokal, er, kein Typ eines Biertrinkers, bestellte sich Kaffee, ich trank Coca Cola, hing an seinen Lippen und fragte ihn Löcher in den Bauch. Jetzt wußte ich, wer in meiner Oper Bedford ist: dieser Kumpel meines Alten am Arsch der Welt. Da sehe ich die beiden vor mir, wie sie durch das kurze Herbstgras latschen. Gerade sind sie angekommen, das heißt dem Viehwagen entstiegen, der ihnen mit Stroh, Kackeimer und Pinkelrinne eine ihrer heimatlosen Heimaten gewesen war, aber eine plombierte, fünf Wochen lang. Nicht gerade glorios ziehen sie ein in das Barackenlager von Tschachino. Die Altgefangenen stehen an der Lagerstraße und starren sie an, Zurufe fallen. Sie haben schon Ohrenmützen auf, im Oktober, Kaschdeckel, wie sie sagen, das Wort kennen die Neuen noch nicht, die müssen überhaupt noch viel lernen. Die Alten haben die Hände in den Taschen ihrer noch einigermaßen intakten Uniformmäntel, graublaue von der Luftwaffe, feldgraue vom Heer. Sie sperren die Augen auf. Kommen die Neuen vom Mond? Dabei sind eigentlich sie die Mondbewohner. Die Neuen erhalten ihre Baracken zugewiesen. In den ersten Tagen quält die Ungewißheit, wie das Leben hier weitergehen soll. Ist es überhaupt noch Leben?

Auf diesem Mond gibt es so etwas wie Lazarette, und da muß zum Beispiel auch rasiert werden. Alleinrasierer gibt es kaum noch, denn fast allen sind die Rasierapparate abgenommen worden. Meinem Alten tat sich da eine Möglichkeit auf. Der kleine einäugige Friseur Matischock, den er seit seiner Gefangennahme kannte, machte ihm ein glänzendes Angebot, er wollte ihn zum Gehilfen haben. Heinz schlug ein, denn da war er für den Winter unter Dach. Morgens zottelten sie los, kamen in warme, wenn auch nur mäßig warme Kajüten, während das Gros zum Holz- oder Wasserholen in den Oktoberschnee hinausmußte. Wie sollte das erst im Hochwinter werden in ihren dünnen, abgewetzten Monturen? Da gab es Wattegarnituren und Schafpelze, zuerst für die Außenkommandos, dann für alle, natürlich, sonst hätte man viele schon zu Neujahr abschreiben können. Täglich latschten Matischock und sein junger Mann mit umgehängter Friseurtasche über die nicht immer einwandfreien Holzplanken der Lagerstraßen zur Lazarettbaracke, den Kopf in den hochgestellten Pelzkragen eingezogen, aber stets bei Laune. Nie hat jemand Matischock nicht bei Laune gesehen, selbst mittags nicht, wenn er und sein Gehilfe ihr Brot und den Schlag Kascha oder die Suppe verzehrten in dem Abstellraum, wo die Verstorbenen lagen. Ihre nackten, bläulichen Füße schauten unter der Zeltbahn vor.

– Sollst sehen, Heinz, sagte Matischock kauend oder schluckend, bis Weihnachten haben wir auch das Küchenpersonal als Kunden, dann ist ausgesorgt.

Ein ehrgeiziger Mann, dieser kleine Einäugige mit dem Loch von einer Granatwerferverwundung über der rechten Braue. Was er will, das schafft er, wenn auch nicht von heute auf morgen. Er ist nicht gierig und kann warten. Seine gute Laune verhilft ihm zu vielen Freunden. Zwar ist es nicht jedermanns Sache, sich von einem Einäugigen rasieren zu lassen, aber die Leute mit den Sonderposten, also der Lageradel oder die Prominenz, sie wußten, daß er ein Könner war, auch als Behinderter, und die Masse hatte keine andere Wahl, das ging im Lager wie überall auf der Welt. Ostermann seifte vor.

Per Lenzen hatte sich mit ein paar unternehmungslustigen Männern vom Fach zusammengetan und von der Kommandantur, besonders von der Politinstruktorin den Auftrag erhalten, eine Lagerbühne zu begründen. Zwei Podien waren dafür ausbaufähig: eines im sogenannten Kleinen Saal, der den Flügel einer Wohnbaracke bildete, und das andere im dem großen, für seinen eigentlichen Zweck nicht mehr gebrauchten Eßraum in der ehemaligen Küche 2. Ihr Podium konnte fast schon Bühne genannt werden. Es gab auch einen roten Kattunvorhang. Mit diesen Voraussetzungen begann P. L. sein Werk. Zusammen mit ein paar anderen legte er den Grund für ein später recht blühendes Kulturleben.

Matischock hatte inzwischen so viel zu tun, trotz der etwa acht Mann starken Kollegenschaft, die zur Friseurbrigade gestoßen war, daß er meinen Alten gern als vollwertigen Mitarbeiter eingesetzt hätte.

– Bist du ausbildungsfähig? fragte er ihn. Laß sehn, ob du ausbildungsfähig bist!

Er, Matischock, saß eingeseift auf dem Schemel vor dem Doppelfenster mit den Sägespänen als Wärmeschutz dazwischen und reichte Ostermann das aufgeklappte Rasiermesser. Fast widerwillig nahm er es und fing an, auf Matischocks Wangen unsicher herumzustricheln.

– Zieh durch, Junge. Wenn du nicht durchziehst, kannst du einpacken.

Matischock sah, daß er aus meinem Rückzügler keinen Rasierer zaubern konnte. Allenfalls einen Haarschneider, aber keinen Rasierer. Wie ist es ihm bei so viel Vorsicht eigentlich gelungen, mich zu zeugen?

Die Banja ist das russische Badehaus. Kein Lager, kein Dorf ohne Banja. Hier sollten die Lager-Insassen alle vier Wochen rein, zum Waschen in einem Holzschaff, zum Entlausen der Klamotten und zum Empfang neuer Unterwäsche, mit Bändern an all den Stellen, die in Westeuropa seit dem Mittelalter Knöpfe hatten. Es kam der Befehl, daß alle Leute, die entlaust werden sollten, vorher beim Friseur die Schamhaare verlieren mußten, zum Schutz gegen Filzläuse. Das wäre etwas für Ostermann, behauptete Matischock. Und wirklich, mein unglücklicher Barbier mußte einen ganzen Tag lang Schamhaare schneiden mit einer Haarschneidemaschine. Abends hatte er Sehnenscheiden-Entzündung, sein Handgelenk wurde mit Jod eingepinselt und mit Watte verbunden, und er fiel für einige Tage aus bei Matischock. Der behalf sich mit einem einbeinigen Leutnant als Einseifer. Dieser Mann war ganz witzig im Verkehr mit den Kunden, aber langes Stehen war nicht mehr seine Sache.

Ostermann, dienstfrei, schlenderte im Lager herum und kam auch in den Kleinen Saal, da hatte er Stimmen gehört. Ein paar Schauspieler probierten dort für irgendeine Veranstaltung. Gierig schaute mein Finalefachmann zu, er wäre allzugern eingestiegen. Als P. L. auftauchte, hätte er ja ein Wort in der Richtung sagen können, aber nein, das wäre für den kolossalen Eigenbrötler, der in ihm wohnte, schon zuviel gewesen. So mußte er wieder in den Barbierbetrieb.

Im Hospital gab es einen engen, abgeteilten Raum, der war für Irre bestimmt. Ein paar saßen auch darin, ob echte oder bloß Simulanten, ließ sich schwer entscheiden. Matischock sagte, er würde da auf keinen Fall reingehen und die rasieren. Er mit seinem Loch im Kopf oberhalb des Glasauges hatte Angst, eines Tages könnte auch er verrückt werden. Ostermann sollte es machen, ob er nun strichelte oder durchzog, das sei schon einerlei. Also nahm mein Alter die Friseurtasche und schob ab in den Verschlag mit dem vereisten Doppelfenster, in dem die Wintersonne wie angefroren stand. Sie schien auf das flache, mehlweiße Gesicht eines alten Obersten, der in seinem abgetragenen Uniformrock wie ein Stein auf der oberen Pritsche saß. Unter ihm kramte ein Major der Luftwaffe nervös in seinem Leinwandsack. Gegenüber hockte Onkel Albert, ein ehemaliger Oberstleutnant, im Türkensitz anscheinend ganz fröhlich auf einem Feldbett. Als mein Alter mit dem Sanitäter hereinkam, fing Onkel Albert an, den Badenweiler Marsch zu trompeten. Der Oberst tat, als sehe und höre er nichts, wenigstens nichts von dem, was um ihn herum vor sich ging. Er starrte mit aufgerissenen Augen in die Wintersonne, regungslos. Aber der Major wurde laut und wollte auf den Trompeter losgehen. Der Sani riß ihn zurück: Haltet die Schnauze, verdammt noch mal!

Mein Alter fing mit Onkel Albert an. Das Rasierwasser stand in einem Kochgeschirrdeckel auf der Platte des Bunkerofens. Sehr warm war der Ofen nicht. Unterdessen wollte Onkel Albert Geschichten aus seiner militärischen Karriere loswerden. Der Major versuchte, ihn mit hämischen Bemerkungen zu unterbrechen. Albert blitzte ihn gehässig an.

– Ich war in der Reichskanzlei, sagte er mit schriller Stimme, als Marschall Shukow eintraf, der Stellvertreter Seiner Majestät. Da rauschte es im Karton, mein Junge, wenn auch der Esel da drüben es nicht wahrhaben will. Was sagen Sie? Sie sind ein Esel, das können Sie sich von mir schriftlich geben lassen. Sie könnten ja hingehen und nachsehen, wenn Sie nicht zu feige wären. Mein Mantel hängt ja noch da, Sie Ölgötze. Das haben Sie wohl nicht erwartet, wie? Wo haben Sie denn rumgehurt, als wir Smolensk einnahmen? Am Hartmannsweiler Kopf habe ich durch meinen Burschen ein Parteilokal ausheben lassen, was sagen Sie jetzt? Wissen Sie, was dann passiert ist? Ich habe meinen Burschen strammstehen lassen, ihm mein eigenes EK eins angesteckt und zu ihm gesagt – Baumgärtner, Sie Dämelack, schielen Sie gefälligst nicht so her, damals waren Sie noch Bettnässer – Brust heraus, habe ich zu ihm gesagt. Es gibt noch anständige Deutsche, habe ich zu ihm gesagt.

Mit krächzender Stimme fing er an zu singen, laut und gräßlich: O Deutschland, hoch in Ehren, du heil'ges Land der Treu' . . .

Einwurf des Luftwaffenmajors: Land der Dichter und Denker, heißt es!

– Quatsch. Wohl bloß, weil Sie einen Roman zusammenschmieren wollen?

Das Einseifen war erledigt. Ostermann wurde es langsam heiß in der nicht besonders warmen Bude. Der Oberstleutnant setzte wieder die trichterförmig geschlossene Hand an den Mund, beschmierte sich mit Seife und wollte trompeten. Der Sani, ein muskulöser Westfale, hielt ihn von rückwärts an den Schultern: Laß die Trompete, Onkel Albert, sonst verpaßt dir der Friseur eine!

Ostermann fing mit seinem Strichelsystem an, das dauerte mindestens dreimal so lange, wie es bei Matischock gedauert hätte. Der Schaum trocknete inzwischen ein, aber Onkel Albert gab keinen Laut von sich.

Luftwaffenmajor Baumgärtner fühlte sich als Mann von Welt, das sah man daran, wie er die Nasenflügel blähte. Als er an der Reihe war, versicherte er meinem Alten, während der ihn einseifte, er wolle wirklich einen Roman schreiben, aber Tielemann, das war Onkel Albert, hindere ihn daran. Während der Rasur schob er plötzlich Ostermanns Hand mit dem aufgeklappten Messer zurück, lehnte sich vor und rief streng: Tielemann, legen Sie meinen Löffel hin!

Dann leise zu dem Friseur: Ich muß aufpassen wie ein Schießhund, der Lump klaut mir alles.

– Onkel Albert, Fieber messen, sagte der Sanitäter und klopfte ihm freundschaftlich auf die Schulter. Tielemann nahm das Thermometer und führte es sich unter dem Rock in die Achsel. Der bleiche Oberst auf der oberen Pritsche empfing das seine regungslos. Nichts von dem, was hier geschah, schien ihn mehr anzugehen.

Onkel Albert zeigte meinem Alten eine Schlinge, die er unter seiner Decke versteckt hielt.

– Das ist für den da, flüsterte er und deutete mit dem Kinn auf Baumgärtner. Wenn er mir nachts wieder zu nahe kommt.

– Tielemann, schrillte die Stimme des Majors, ich bringe Sie um! Er hatte Onkel Albert beobachtet und gehört, was er zu meinem Alten sagte. Ein Blechnapf sauste quer durch den Raum, bumste an die Holzwand und fiel in das Feldbett.

– Schuft! schrie Onkel Albert und warf die Schlinge nach dem Major. Der machte einen Satz und wollte ihm an die Gurgel, aber schon war der Westfale zwischen ihnen, teilte Ohrfeigen aus, rechts, links; ein Obergefreiter, zwei Stabsoffiziere. Grollend zogen sich die Kampfhähne zurück. Oder waren es alte, angeschlagene Tiger, von der Peitsche des Dompteurs auseinandergescheucht?

6

Mancher, der schlimmer dran war als die drei Bunkerinsassen, hätte in psychiatrische Behandlung gehört, aber er hielt sich verborgen, so gut es ging. Denn man mußte damit rechnen, von der Lagerleitung in zivile sowjetische Irrenhäuser abgeschoben zu werden, und die waren gefürchtet. Da zog man noch den Pritschenplatz in Tschachino vor. Einer von denen, die nicht mehr ganz dicht waren, erzählte Per Lenzen, saß abends oben auf seiner Pritsche und kaute stundenlang. Er hatte ein System ausgeklügelt, mit dem er die Abendmahlzeit enorm in die Länge ziehen konnte, eine Art Gesellschaftsspiel ohne Gesellschaft. Seine Brotportion hatte er in viele kleine Teile geschnitten und mit einem Krümel Fett oder einer Prise Zucker belegt. Die Brotstückchen wurden auf bestimmte Felder einer schachbrettartigen Unterlage verteilt. Jedes Feld trug eine Nummer, diese Nummern standen auch auf Holzplättchen, die in einem Leinwandbeutel steckten. Es gab auch Plättchen ohne Nummern, also Nieten. Zu Beginn des Abendbrots griff der Mann in den Beutel und zog ein Plättchen heraus. Hatte er eine Zahl erwischt, so durfte er das Stück Brot essen, das auf dem entsprechend numerierten Feld lag. Bei bestimmten Zahlen hatte er den Vorteil, gleich ein zweites Stück konsumieren zu dürfen. War ihm eine Niete zwischen die Finger gekommen, so mußte er ein paar Minuten warten, bis es weiterging. Auf diese Weise konnte er seine Mahlzeit über eine Stunde hinziehen, vielleicht noch länger.

Ein anderer hatte sich mit Brot, Fett, Zucker, Haferbrei, also Kascha, eine Art Pudding angerührt und ihm die Form eines Grabhügels gegeben, verziert mit einem weißen Kreuz aus Zucker. Der Hersteller verharrte lange in andächtigem Schweigen davor, ehe er das Gebilde anschnitt und mit Trauermiene verzehrte. Auf die Frage eines Vorübergehenden, was er da treibe, gab er zur Antwort, er feiere den Todestag seiner Frau.

Im Kleinen Saal wurde ein Kabarett vorbereitet. Nach dem aus Holz geschnittenen und mit Kreide und zerriebenem Ziegelstein gefärbten Vogel hieß es KOLIBRI: Koalition literarischer Briganten. Ostermann kam vor Bewunderung nicht von dem Klimperkasten weg, ein Beutestück der Russen aus Oberschlesien, so wie man seinerzeit auf der RASSOTA-RAMPE ein Klavier aus Privatbesitz in Orel requiriert hatte. Jenes war braun gewesen, dieses war schwarz wie Onkel Wilhelms Instrument im fernen Friedenau. Trotz der eisigen Temperatur, die im Winter, also in Tschachino noch im März und April, in diesem Raum herrschte – er wurde nur von dem in Schafspelz gehüllten Publikum erwärmt –, hielt das Klavier ohne nennenswerte Beschädigung durch. Nach jeder Vorstellung nahm der Pianist mit dem passenden Namen Tippmann die Saiten heraus, er sagte Maschine dazu, und trug sie nach nebenan, in den großen Barackenraum, in dem an die hundert Mann kampierten und in dem mindestens animalische Wärme herrschte. Tippmann war aus Dresden, bei seinem glänzenden Jazz dachte Ostermann an einen anderen Sachsen, der wegen seiner – damals eigentlich verbotenen – „schrägen Musik" die Landser begeistert hatte: Heinz Mielke. Es war im Mittelabschnitt, an der Rassota-

Rampe, gewesen. Der brünette, untersetzte Jazzer mit dem breiten Gesicht hatte den Texter, Ansager und Regisseur Ostermann ins Herz geschlossen.

– Nach dem Krieg, pflegte er zu sagen, kommst du mit zu meinem Vater nach Leipzig, als Conférencier in unserem Kabarett. Mielke brachte ihm den Anfang von Shoeshineboy und die St. Louis-Blues auf dem Klavier bei, lauter damals verbotene Sachen, eine Offenbarung für meine Nachtlampe, und nicht nur für sie. Das Parkett (gestampfter Lehmboden der ehemaligen Dorfkirche), all die dienstfreien MG-Bedienungen und Patrouillengänger, für einige von ihnen setzte schon die Glocke zu schlagen an, waren hingerissen. Ihre Vorgesetzten, von denen manche das bedenklich fanden, hinderten sie dennoch nicht daran. Wie lautete der Kernspruch zu Hause beim Ersatzbataillon an der Kantinenwand? ,,Männern, die da sterben sollen, muß man geben, was sie wollen." Was niemand wußte: Mielke war Halbjude. Eines Tages, als mein armer Melissengeist schon wieder im vordersten Graben mimen mußte, aber etwas wesentlich anderes als auf den Brettern der Rassota-Rampe, in eisenhaltiger Luft und bei weiß Gott anderer Musik, da kam ein Telegramm an die Truppenführung: Mielkes jüdische Mutter habe sich das Leben genommen. Ja, nun war er auf einmal wehrunwürdig und mußte weg von der Rampe, von dieser Truppe überhaupt. Gott gebe es, daß er über die Runden gekommen ist. Vielleicht in Berlin? Da stehen einige zwanzig Mielkes im Telefonbuch. Ich, Gernot, habe die Liste schon mal rauf- und runtertelefoniert, ohne Ergebnis. Wo bist du, Heinz Nummer zwei? Melde dich, wenn es möglich ist. Hast meine Vogelscheuche von Vater, meinen herrlichen, vor Phantasie platzenden, leider mir unsichtbaren Erzeuger groß rausbringen wollen. Mensch, das vergesse ich dir doch nicht!

– Dreimal darfst du raten, welches seine erste Rolle beim KOLIBRI, überhaupt die erste in unserer kühlen Firma war, sagte Per Lenzen. Du kommst nicht drauf: er mußte ein Mädchen spielen, einen Typ, der im Tempo des Endsiegs unter die Räder gekommen war.

Nun ist mein Oller zu allem andern eher als zu einem Damendarsteller geboren. Aber dieses Veilchen mit den vorzeitigen Schatten um die Augen und der widerspenstigen Stirnlocke muß er doch einigermaßen getroffen haben, obwohl niemand auf die Idee kam, ihm jemals wieder eine weibliche Rolle anzubieten. Der Fundus war mehr als bescheiden. Zwar hatte man schon eine gewisse Auswahl dank des oberschlesischen Beutezuges, der über Tschachino geleitet und dessen Inhalt dem Theater zur Auswahl angeboten war, aber vieles mußte doch erst entworfen und hergestellt werden. Ein himmelblaues Kleid mit weißen Borten gab es, ein Schulmädchenkleid. So schmal mein Alter auch gewesen sein mochte – von Natur aus schon und zu der Hungerzeit besonders, trotz der zusätzlichen Lazarettportionen: wer wegstarb, hinterließ meist seine Portion –, das Kleid entsprach seinem Umfang nicht und schon gar nicht seiner Länge. Aber wenn er das Unterzeug wegließ, konnte er es sich wie eine Wursthaut überziehen. Ein bißchen knapp und kurz, aber gerade noch möglich, falls kein Windstoß den Rock hochtrieb und die letzte Illusion von Mädchen in die Binsen ging. Es muß verdammt kalt gewesen sein, so fast ohne Bekleidung in dem ungeheizten Kleinen Saal im November. Na, es handelte sich ja nur um einen Fünfminuten-Auftritt, bei der Temperatur gerade noch zu machen, für den Ehrgeiz meines Staatsschauspielers zu kurz. Mein Name ist Jutta, mußte er sagen (oder Elke, Heidi, Barb, Brunhilde, was damals so einschlägig war), dann kam etwas von Lagern, in denen sie rumgezogen war, kein Elternhaus, keine richtige Jugend. Die Sache gipfelte in dem Satz „Ich weiß schon alles", mehr durfte man bei den Sowjetmenschen nicht sagen, deren Prüderie hätte die jedes katholischen Frauenbundes ausgestochen. Aber was mein Alter als gestrandete BDM-Göre vorbringen mußte, war für Ohren, die nur den Nazi-Schmus gewohnt waren, deutlich genug, und daß sein Text melodramatisch untermalt wurde, steigerte die Wirkung ungemein. Während er sprach, spielte Tippmann am Klavier ganz leise einen Walzer von Oscar Straus oder von wem, Ballgeflüster oder wie das hieß, eine Melodie von rabiat-sanfter Erotik, durch die eigentlich erst alles klar wurde: diese arme, verführte, von Hitler auch seelisch zerstörte Luftschutzgeneration. Wollen's hoffen, daß mein Alter glaubwürdig genug den Tränendolch gegen sein Publikum gezückt hat. Dabei fällt mir ein, daß meine erste Bühnenrolle, in der Volksschule bei dem schläfrigen Rektor, ja auch die Darstellung eines Mädchens war, natürlich keines verkommenen, sondern eines rührend braven Geschöpfs, das seinem kleinen Bruder ständig als Vorbild auf die Nerven gehen muß und beim Weihnachtsmann einen mächtigen Stein im Brett hat – für mich doppelt deprimierend, als Weib und als Tugendbolzen, aber was tut man nicht alles für Thalia!

Sechs Mann waren es, die den KOLIBRI schaukelten. In einer Szene wurde die Nazi-Gerichtsbarkeit aufs Korn genommen, da gab es die Angeklagten, die stereotyp und mit Nachdruck anfingen: Ich *habe* gesagt ... Und dann kam das Delikt, harmlos im Grunde, doch der Richter schrie immer bloß ein Wort: „strangulieren" oder „köpfen" oder „erschießen". Zum Schluß fuhren die Wörter wie Pfeile aus seinem Maul, ehe noch ein Angeklagter ein Geständnis hätte herausbringen können. Tippmann intonierte die Haifisch-Melodie aus der Dreigroschenoper, da langte sozusagen Mackie Messer nach dem Publikum, für fast alle Jüngeren zum erstenmal, es sei denn, sie wären wie mein Alter an der Front auch bei einer Rassota-Rampe gewesen, wo Barbara, der Sohn des Tiergarten-Pastors, in schwarzseidenen Strümpfen und ebensolchen Dessous auf einem rohen Fichtenholztisch in der ehemaligen Sakristei der Kirche von Tschirm zur Feier irgendeiner Premiere die Seeräuber-Jenny und andere Weillsche Köstlichkeiten geboten hatte. Sie waren erschlagen von dieser Art Musik hier in dem Kleinen Saal, hörten kaum noch den neuen Text, den ein Kolibrist gedichtet hatte, um das zweierlei Maß zu denunzieren, mit dem die Nazis Recht zu sprechen pflegten. Nachdem ein Bonze nach ungeheuren Betrügereien freigesprochen worden war, hieß es von einem einfachen Volksgenossen, der Pech gehabt hatte: „Und denselben Tag in Jena kam ein armes dummes Schwein wegen 3 Mark 75 zweieinhalb Jahr ins Zuchthaus rein." Allerhand schwarzen Humor entwickelte der Autor, denn für so etwas gab es bei den Sowjets noch viel bessere Beispiele. Die russische Lagerökonomin in Tschachino war soeben von ihrem kleinen Kind getrennt und für 25 Jahre nach Sibirien verbannt worden, bloß weil sie einen Sack Weizen verschoben hatte. Und was tat manch höherer Rang?

In einer anderen Szene trat ein toter deutscher Soldat auf, der zu Beginn des Frankreich-Feldzugs gefallen war. Sein erster Satz lautete: „Ich liege in Breisach am Rhein", und dann erzählte er, was alles an seinem Grab vorbei nach Westen und später nach Osten gerollt war, eine tolle Perspektive, nicht schlecht ausgedacht von dem Ober-Kolibri, einem Kölner Calderon-Schauspieler, der während des Krieges am deutschen Sender Brüssel gearbeitet hatte und behauptete, er sei heimlicher Kommunist gewesen.

Von den Russen erschienen, mindestens zu Premieren, der dicke, gemütliche Arzt-Major, der im ersten Weltkrieg in Deutschland Kriegsgefangener gewesen war, und Natalja Iwanowna Schlosser, Politinstruktorin und Chefin des Kulturlebens. Sie stammte von wolgadeutschen Eltern, ein mütterlicher, höchstens aus Berufsgründen strenger, untersetzter Typ um die Fünfzig. Ihr hatte mein Alter so gefallen, daß sie befahl, er müsse bei den Kulturleuten bleiben, ob Matischock, dem Friseur, das paßte oder nicht.

7

Nehmen wir an, sie wählte den einfachsten Weg, also den von der Lagerstraße die paar Holzstufen hinauf, durch den Vorraum, rechts in den Kleinen Saal zum Verschlag linker Hand. Die Tür dort – ein verchromter

Metallgriff, kein Schlüsselloch, keine Klinke – war an den Rändern gegen die Kälte abgedichtet, konnte also nie zugeknallt werden, nur angedrückt, das gab ein dumpfes, versackendes Geräusch. Mit Werg gefüllte Rupfen. Lag gut und fest in ihrem Rahmen, wurde tagsüber kaum geöffnet, abends mehrmals, wenn die Bewohner nach Hause kamen, auf und zu, wenn sie als Einzelempfänger die Suppe holten, Rennfahrersuppe, sagten sie, weil sie meist so dünn war, daß man nach einer halben Stunde mit voller Blase kaum die Kurve zur Latrine kriegte. Sagten: Kann er sich vor'n Hintern kippen, und meinten den Koch damit. Der kann auch nichts dafür, wenigstens nicht viel.

Da waren die vier breiten Doppelfenster des Kleinen Saales, nachts bei Neumond stockdunkel, aber bei genügend Mond blaugrün, monatelang gefroren, Eisblumen, auch Nordlicht in Januarnächten, und dann in den weißen Nächten im Juni platingelb oder platinweiß. Das Innere des Verschlags fensterlos, ungenügender Luftabzug, dunkelbraune Holzwände, unter der Decke die eingezogene Pritsche mit Strohsack und Zubehör, dahin führte eine Leiter. Was sonst noch? Tisch, Wandbank, Lehmofen. Ein Woilach teilte die Waschnische ab, ließ Wassereimer, Waschbank, Holzzuber, Blechnäpfe und Rutenbesen kalt im Finstern, filterte Kaltluft, wenn die Tür aufging. Im wohnlicheren Teil das rötlichgelbe Licht aus einer mit Petroleum, sie sagten Kerasin, gefüllten Lampe aus einer Blechbüchse samt Deckel, in den war eine Öffnung gebogen für den Docht, einen schmalen Streifen aus einer Wolldecke.

In diesem Verschlag, den wegen seiner Verborgenheit kaum jemand kannte, hauste Per Lenzen. Er hatte ihn sich mit Hilfe seiner vielfachen Verbindungen so hergerichtet. Offiziell war er nur der Bühnenmeister, in Wirklichkeit aber der heimliche Chef der Theatergruppe. Im Lauf der Zeit, je mehr das Lager sich zivilisierte, brachte er ganze Wirtschaftszweige für das Unternehmen in Gang. Er erschloß eine geräumige ehemalige Küchenbaracke, deren Eßsaal eine Bühne hatte, für künftige Großaufführungen.

Der gewöhnliche Hunger kann sie getrieben haben oder die Dunkelheit. Die Stimme des in Neumondnächten unsichtbaren Postens. Wer sie hört, kriegt die Auszehrung, Mensch und Vieh. Die Stimme war dort auf dem Wachturm hinter der gegen den Wind aufgehängten Zeltbahn, kam aus der Kehle des kleinen Kalmücken, der sang, um sich einen Dienst zu erleichtern, der in anderen Breiten nicht länger als jeweils zwei Stunden, bei russischen Soldaten seit eh und je erheblich länger dauerte: die Zeit der Wache. Halbe Nächte lang hörte man manchmal die Stimme auf dem Turm, sie vollführte seltsamste Figuren, hätte das Herz eines Wolfes rühren können, aber Wölfe gab es wohl hier nicht mehr oder nur selten. Einmal war ein erlegter Wolf mit heraushängender Zunge von Dorfbewohnern auf dem Schlitten am Lagertor vorbeigezogen worden.

Die Stimme da oben signalisierte nicht Heimat und nicht Fremde, sie gab fernen Lokomotiven auf der Strecke von Moskau nach Leningrad Antwort, wenn sie mit melancholischem Dreiklang durch die Ebene fuhren, war Wachsein und Traum zugleich, scheuchte Ratten in die kalkigen Gruben unter den Latrinen, trieb Mensch zu Mensch, eine streunende Katze in

Höhlen, in Verschläge, wo sie Lebendiges vermutete, das nicht nur dazu taugte, gefressen zu werden.

Der Bassist William, bei Per Lenzen zu Besuch, saß unter dem lateinischen Spruch, den der Bühnenbildner an die Wand gemalt hatte, und las halblaut, wie psalmodierend, Rezepte von kleinen Karten, die aus russischen Zigarettenschachteln geschnitten waren: Huhn à l'Orange, zerlassene Butter avec des fines herbes. Ein ehemaliger ungarischer Hotelkoch hatte diktiert, er wußte Hunderte erlesener Rezepte auswendig, aber wie lange noch? Alle waren sie bedroht vom Vergessen, es griff wie rasend um sich, verbündet mit den dünnen Suppen dieser Winter. Ostermann hatte sich einmal bei einem Sanitäter im Lazarett für eine Gesichtsmassage nach der Rasur zweihundert Gramm Brot verdient, die Portion eines eben Verstorbenen. Er band sie sorgfältig in ein Tuch, aber doch wohl nicht sorgfältig genug, denn auf dem Weg zwischen dem Lazarett und der Baracke 25 ging sie verloren. Als er es auf seiner Pritsche merkte, kehrte er sofort zurück, suchte fast eine Stunde lang bei hellem Mondschein über und unter den vereisten Laufplanken – umsonst. Es gab zu viele Interessenten bei Mensch und Tier.

Gegen das Vergessen kämpfte der Spanisch-Professor. Er hockte, einen auffällig schönen grauen Wollschal um den Hals, unten auf seiner Pritsche und memorierte stundenlang, mit vorgehaltener Hand flüsternd, die ausgefallensten Vokabeln. Ein Arzt schrieb im Lazarett bei Nachtdienst Gedichte und sogar Theaterstücke, die er mal auswendig gelernt hatte, in selbstgebastelte Bücher aus Birkenrinde.

Es war nicht Per, der auf den Gedanken kam, nicht

er allein, auch Paul war es nicht, Paule-Panjaule, auch Janine genannt, nach seiner berühmtesten Rolle, der Damendarsteller. William war es, der es vorschlug. Wollen wir es tun? Da nickten sie alle. Alle hatten zugleich daran gedacht, aber William hatte zuerst geredet. Er sagte „wir", war sich aber klar, daß *er* es nicht würde machen können. Janine konnte zubereiten, aber nicht töten. Er/sie hatte einmal zugeschaut, wie der Vater für eine Herrengesellschaft Dachsfleisch auf eine Weise präparierte, daß jeder es für Reh oder Hirsch hielt. William träumte von den einst vollen Regalen seiner Delikatessenhandlung zu Hause. Nur Per träumte nicht, er dachte nach. Er wußte, was nicht würde vermieden werden können. Paul konnte seine Freßgier bezähmen, schon um die Schlankheit zu bewahren, die er für seine Rollen brauchte. Für ihn hätte es P. L. ganz gern getan, natürlich für sich selber auch. Früher war er im Essen sehr heikel gewesen. Fett hatte er verachtet, Schweinefleisch gemieden. Kanin wäre weit unter seiner Würde gewesen. Aber unter diesen Umständen hier hätte er sogar Katze probiert. Dabei mochte er Katzen als Haustiere so gern. Nie wäre ihm unter normalen Verhältnissen der Gedanke gekommen, daß man sie essen könnte. Ebensogut hätte er William auf Eßbarkeit taxieren können. Der war immer noch geradezu feist. Guter Futterverwerter, sagte der Veterinär. Gab es denn das? Die kräftige Rundung der Hinterbacken hatte William bei den monatlichen sogenannten Gesundheitsuntersuchungen durch eine uniformierte Ärztin der Roten Armee noch jedesmal die glanzvolle und zugleich (wegen möglicher Verwendung zur Schwerstarbeit) gefürchtete Bezeichnung „Gruppe eins" beschert. Dieses Schicksal, rapider Abbau der Kräfte auf einem der berüchtigten Außenkommandos, hätte ihm längst geblüht, wäre nicht seine Stimme so schön gewesen. Auf sie wollte man bei keiner Großveranstaltung, keinem „Bolschoi Concert" verzichten. P. L. mochte William nicht besonders, er war ihm zu berechnend, zu ökonomisch. War Per das denn nicht auch? Keine Frage. Hier war Konkurrenzdenken im Spiel. Für William hätte es P. L. nicht getan.

Eine andere Frage war die nach dem Mittel. Wie und womit war das Leben einer ausgewachsenen Katze möglichst schnell und sauber auszulöschen? In alten Geschichten, an die man sich schaudernd erinnert, erledigt der Böse solch ein Tier einfach mit einem Stein. Das kam hier nicht in Frage. Junge Katzen werden ertränkt, im Vorraum zwischen dem Kleinen Saal und der Baracke stand ein Faß mit Wasser. P. L. hielt so was für eine Schweinerei. Außerdem hätte es vielleicht Aufsehen erregt. Wäre er so kaltschnäuzig gewesen, wie er sich manchmal gab, hätte er es mit den bloßen Händen tun können. Schon bei dem Gedanken daran wurde ihm übel. Daher ist es verständlich, daß er Williams großspuriger Rhetorik „Wollen wir es tun?" die ihn fast schon als Täter entlarvende Frage „Womit denn?" entgegensetzte. Paul zuckte die Achseln, aber William kam sofort auf den Hammer, mit dem Per seine Gänge durch das Lager zu machen pflegte, damit es nach Arbeit aussah. Kannte William die Märchen nicht? „Der Müllerbursch und das Kätzchen" oder „Das Kätzchen mit den Stricknadeln"? Dann sollte er hinausgehen und das Tier suchen. Ein Hammer, das ist leicht gesagt. William tut es nicht. Paule will jede andere Arbeit auf sich nehmen, will das Tier mit dem einen, noch verbliebenen, gut versteckten Taschenmesser zerwirken, und zwar sachgemäß, wie er es bei seinem Vater, dem Jäger, gelernt hat, er will braten und Mehl aus eigenem Vorrat zur Soße rühren, die eigene Brotportion als Zukost spenden, aber töten? Das nicht.

Es ist viel, was der Damendarsteller als Gegenleistung bietet, zu viel, kann man sagen. P. L. ärgert sich, weil William das nicht merkt oder merken will. Der läßt sich selbstverständlich einladen zu alledem, auch zu Paules Brot. Dafür etwas tun, das möchte er nicht.

– Dein Brot behältst du, Panjaule. Wenn William hier nichts beiträgt als schlaue Ratschläge, dann soll er wenigstens Brot dazugeben.

Das traf den feisten Delikateßhändler. Er wußte, daß dagegen nichts einzuwenden war, wollte er nicht hinausgehen und mit dem Hammer Arbeit leisten.

Per ging und tat es. Eine Weile war nur der Wind zu hören, der körnigen Schnee an die Barackenwände warf. Es war noch nicht spät, der Kalmück sang noch nicht. Die Stimme des Windes erhob sich zu einem Geheul, das die Ratten aus den Latrinen vertrieb und in ihre Löcher jagte. Dann erfolgte ein dumpfer Schlag.

Janine oder Paul, auch Panjaule, war ohne Zweifel ein Könner, wenn man bedenkt, daß er Wildzubereiten ja auch nur vom Zuschauen gelernt hatte. Die groben Vorarbeiten wie Fell abziehen, Kopf und Läufe entfernen, hatte Per bereits hinter dem Woilach besorgt, der die Waschecke abgrenzte. Bald prutzelten sauber abgetrennte Fleischstücke in mehreren Kochgeschirrdeckeln auf dem kleinen Herd. Salz und etwas Fett gab jeder der Beteiligten dazu. Durch seine guten Beziehungen zum Lageragronomen hatte Per eine Zwiebel ergattert. Ein hierorts ungewohnter Duft drang durch die mit Werg und Rupfen abgedichtete Tür, zog vom Kleinen Saal in den Vorraum und weckte in Leuten, die gerade von der Lagerstraße in ihr Quartier wechselten, Vorstellungen, die für sie längst unwirklich geworden waren. William fand die alte Lustigkeit wieder und gab Geschichten aus seiner Opernkomparsen- wie aus seiner Delikatessenzeit zum besten. Alle lobten die Soße. Mit Pauls Soße, so wurde behauptet, werde schließlich jedes Fleisch schmackhaft. Auch das Fleisch unserer Artgenossen? Sie gerieten da an eine unheimliche Grenze.

Bisher hatten sie ja nur gekostet, nur mal abgeschmeckt. Als das eigentliche Essen beginnen sollte, wusch sich Per immer noch die Hände in der Emailschüssel hinter dem Vorhang. Die Fleischbrühe dampfte in den Deckeln, die Gäste warteten. P. L. trocknete sich umständlich ab, konnte nicht fertig werden damit. Die Stimme des Kalmücken war wieder zu hören. Paul sagte: Komm schon, die Suppe wird kalt!

Der Wind hatte ein Brett am Fenster des Kleinen Saales losgerissen und miaute im Vorraum.

– Wenn du nicht kommst, fangen wir an, sagte Paul.

William hatte sich ein graues Handtuch unter das breite Kinn gesteckt, zückte die Gabel des Soldatenbestecks und wünschte gesegnete Mahlzeit. Per kam herein, packte den Kochgeschirrdeckel mit seiner Suppe und knallte ihn an die Wand, da stand ein Spruch: Stomac plenter fortuna captivi.

Später holte er meinen Alten herein, einen ausgesprochenen Mäkelkopp, was das Essen betraf. Der fraß ohne Bedenken den ganzen Rest. Er wunderte sich wohl über sich selbst, ja er erschrak, wie die Zeit umsprang mit Gewohnheiten und Eigenheiten, guten wie schlimmen.

8

Da gab es einen Herrn Kesch, den Zauberer der Gruppe. Er war schon in den Vierzigern, also bedeutend älter als die meisten von ihnen. Aus dem oberschlesischen Beutezug hatte er für seine Auftritte einen unmodernen Anzug gekriegt, Pfeffer und Salz, enge Hosen, Weste. Diese Aufmachung entsprach derart seinem Typ, als hätte der Schneider aus einer unbekannten Stadt zwischen den Flüssen Birawka und Malapane ihn, einen Berliner, persönlich gekannt, als er den Anzug herstellte. Später, als Kesch vermutete, seine kleinen, immer wieder gezeigten Tricks könnten sich abnutzen – im Grunde blieben sie immer neu, jedenfalls schön –, trat er mit einer Puppe auf. Ich, Gernot, erlaube mir, Herrn Kesch durch diese Puppe anzupeilen und mir ihn auf diese Weise zu vergegenwärtigen. Kesch hatte seine Puppe Charly genannt. Ich beschwöre Charly: Bitte, gib ein paar Auskünfte über deinen Chef. Und Charly antwortet:

„Ich bin sein anderes Ich. Oder soll ich sagen, Herr Kesch ist das andere Ich von mir, das hat bloß noch keiner gemerkt? Auf diese Art könnte ich Herrn Kesch eine Menge in die Schuhe schieben, öffentlich. Denn ich bin, genaugenommen, ausschließlich eine Erscheinung der Öffentlichkeit. Aber was heißt schon ausschließlich oder gar genaugenommen? Wer kann wirklich etwas genau nehmen? Ist doch niemand dazu in der Lage. Und wenn er es wäre, ob er dann noch Lust dazu hätte? Ihm würden die Haare zu Berge stehen.

Wer mich gesehen hat, kennt meine Simpelfransen und macht sich darüber lustig, kennt meine Kulleraugen; den breiten, bewegbaren, wie in immerwährendem Lächeln auseinandergezogenen Mund (die Ohrläppchen kriegen Besuch) findet er abgeschmackt. Meinen großen weißen Bubikragen vergißt er nicht, auch nicht die lässig gebundene knallrote Lavallière (aus einem Inlett, einer Nazi-Fahne oder einem Bolschewiken-Emblem), vergißt sicherlich nicht meine kurzen dürren Beine und schon gar nicht an meiner Bluse diese blöde Papierblume, die Herrn Kesch eine seiner borniertenn Hauptpointen ermöglicht. Mein Alter? Für Kesch blieb es immer gleich, nämlich sechzehn Jahre, nur damit ich auf seine Frage ‚Was willst du denn einmal werden?‘ mit einem Kalauer antworten kann (‚siebzehn‘). Ich antworte nur mit Kalauern. Oder wäre es richtiger zu sagen, Kesch läßt mich nur mit Kalauern antworten? Für manche Leute bin ich wahrscheinlich nichts als ein Kalauer. Wie sie sich irren! Denn ich bin eine Puppe, und Puppen sind nie harmlos, man stellt sie nicht ohne Risiko her und bedient sich ihrer nicht ohne Risiko. Schon die Figur des Balljungen oder der Federball spielenden Dame im Reifrock auf einem Gobelin haben es in sich. Oder nehmen Sie den Sonnenanbeter, den griechischen Dornauszieher aus der Antike oder all die berühmten und unberühmten steinernen und hölzernen, nur scheinbar immer schweigenden Mitwisser des Mittelalters und anderer angeblich versunkener Epochen! Alle können in Ihr Leben eingreifen, sogar in Ihr Privatleben. Auch ich kann das, ein Wesen, von gefangenen Holzfachleuten und Mechanikern sauber durchdacht und gebaut, ja gewiß, hauptsächlich nach den Angaben dessen, der mit mir seine Schau, will sagen seine Bauchredner-Nummer abzieht. Herr Kesch weiß das natürlich. Keiner kennt besser als er, dieser für normale Augen so Undurchschaubare, die Unberechenbarkeit, die Unergründlichkeit der Puppen, aber er würde es nie zugeben. Er redet ja auch, außer auf der Bühne, kaum, höchstens in jenen seltenen, durch wer weiß was. hervorgerufenen Augenblicken, wo er mal loslegt und Schlaglichter auf irgendeinen merkwürdigen Punkt seiner Vergangenheit wirft. Sonst spielt er schweigend Karten mit William und anderen Konsorten. Wenn er also mal etwas sagt, das heißt, wenn er ganz unerwartet dazu aufgelegt ist, etwas verlauten zu lassen (außerhalb seines Auftritts), dann erzählt er zum Beispiel, wie er gleich nach dem ersten Weltkrieg, den er als Pionier mitgemacht hatte, wenigstens die letzten Jahre, denken Sie mal, wie lange das her ist, wie er da Taxichauffeur war in der düsteren Gegend der Bülowbogen. Als der zweite Weltkrieg zu Ende ging, war er Hauptmann, das sieht ihm keiner an. Er schiebt so dahin, Hände in den Taschen wie einer, der so peu à peu zu Geld gekommen ist und sich Kempinski leisten kann oder das Weinrestaurant Traube, wenn Sie wissen, was ich meine. Pfiffiger Zeitgenosse, das. Er erlaubte es sich nicht, bei immer demselben Publikum ewig brennende Papyrossi in Seidentüchlein verschwinden oder Kopeken in einem Blechzylinder scheppern zu lassen (Oscar-Meyer-Blech, nach der amerikanischen Firma, welche die sowjetischen Verbündeten während des Krieges mit Konserven versorgt hatte). Deshalb verfiel er auf mich, ohne mehr Ahnung vom Bauchreden zu haben als etwa dieser Alleskönner Per Lenzen, nämlich gar keine. Der sonst so schlaue Kesch ahnte nicht, worauf er sich da einließ. Ich bin, wie bereits erwähnt, sein anderes Ich geworden, ich treffe für ihn die Entscheidungen, ich habe den Zauberer behext, ich, der ich nur 43 Zentimeter messe von den Spitzen meiner spitzen Schuhe bis zu der schwarzen Perücke aus starken, gefärbten Bindfäden. Wenn Kesch im Kleinen Saal oder auf der Bühne des großen Hauses, ehemals Küche 2, seine blödsinnigen Fragen an mich richtet, dann glaubt natürlich das Publikum, niemand als er gäbe auch die Antworten, wunderbar, mit was für einer veränderten Stimme und ohne den Mund zu bewegen, wie macht er das? Trugschluß, meine Herren! Erstens machte er es gar nicht gut, eher lächerlich, und zweitens ist dieser Trick doch längst überholt. Das war ein schwarzer Augenblick für Herrn Kesch, ein Schreck in der Abendstunde des Bunten Abends, als er es merkte, mitten im Auftritt. ‚Wie alt bist du eigentlich, Charly?' fragte er, und er wollte gerade mit Zwerchfellstütze und Rachenraum-Pressungen zur Antwort ansetzen, als er registrieren mußte, das *ich* es war, ich ganz persönlich, der ihm antwortete. Da ist er vielleicht erschrocken! Natürlich beherrschte er sich. Kein Zuschauer oder Zuhörer hat es bemerkt, denn meine Quäkstimme glich der von ihm gewöhnlich fabrizierten. Herr Kesch also war erschlagen. Seine Fragerei ging programmgemäß weiter, scheinbar unverändert, vielleicht noch aufgeräumter als sonst, in Wirklichkeit elend: Was willst du einmal werden? Was ist dein Vater? Ich meine, was ist er gewesen? Und ich immer munter darauf: Siebzehn! Tot! Lebendig! Mit Keschs völlig unzureichender Bauchrednerkunst, genauer gesagt, mit meiner eigenen Stimme, die Keschs lächerliche Parodie parodierte, eine Art akustisches Spiegelkabinett, zum Verrücktwerden, kann ich Ihnen sagen. Ich jubelte heimlich – auch davon merkte niemand etwas, meinte ich – und staunte bei unserem immer rascher ablaufenden Dialog, daß Kesch überhaupt noch den Mut hatte, weiterzuspielen. Ich bewunderte ihn. Leichtsinnig schien sich der Mann doch nicht in sein Puppen-Abenteuer gestürzt zu haben. Voilà, ein glänzender Bauchredner, auch mit fremden Federn? Was hast du da für eine schöne Rose an der Bluse? ‚Das ist keine Rose, das ist eine Chrysantheme'. Eine Chrysantheme? Wie schreibt man denn das? ‚C-h-r . . . du, ich glaube, das ist doch eine Rose.'

Immer waren auch Russen in der Vorstellung, Uniformierte der Lager-Garnison und Zivile aus dem Dorf Tschachino. In der ersten Reihe saß die Jugend, Galina zum Beispiel. Sie war kein Kind mehr und auch noch nicht erwachsen, bewegte sich in einem magischen Zwischenbezirk. Von dem Gaukler und seiner Puppe war sie berauscht. Da sie Deutsch nicht verstand, konnte sie die Beschaffenheit der Stimmen um so besser beurteilen. Das ist nicht die Stimme des Gauklers, mit der diese Puppe antwortet, dachte sie. Das ist etwas anderes. Weiß der Teufel, was es ist. Wie stellte sie sich das vor? Kam sie vielleicht auf den Gedanken, in der Versenkung, unter der Bühne von Küche 2, wo

P. L. seinen Wintervorrat an Holz gestapelt hatte, säße ein Partner von Kesch, der für Charly antwortete? Was wäre wohl sonst noch in Frage gekommen? Nein, sie glaubt nicht an Betrug, will auch nicht daran glauben. Schlimmstenfalls würde sie sich selbst betrügen: sie möchte ja, daß wir zwei Wesen sind mit zwei dazugehörenden Stimmen, sie ist bezaubert von uns beiden, von dem Bild, das wir abgeben, wenn Herr Kesch mich wie ein Vater seinen Sohn auf dem Schoß sitzen hat, Kesch mit dem eckig gestutzen, äschern-gelblichen Stiftenkopf, dem breiten, glattrasierten grau-rosa Gesicht mit den vollen Backen und der Gasmaskenbrille. Wie raffiniert unauffällig wirkt sein smarter Anzug aus Oberschlesien gegen die Herausforderung meines weißen Bubikragens, das fesselnde Rot meiner Schleife, den Schmelz meiner großen Blume, die – vorteilhaft beleuchtet – nicht verwechselt werden kann mit Papier. Davon träumte Galina dann zu Hause in ihrem Holzhaus von Tschachino. Auf die freien Ränder ihrer Schulhefte zeichnete sie uns immer wieder. Eine dieser Zeichnungen wird uns vielleicht überdauern, kopfschüttelnd wird man uns betrachten in einer fernen Zeit, wenn der Abstand zwischen den Gefangenen der Napoleon-Armee und denen der Hitlerischen Wehrmacht nicht mehr als so bedeutend empfunden werden wird."

Ende der Auskunft Charlys. Wo bist du geblieben, stimmhafter Balg? Ins Feuer geraten? Mit der Flut davon? Nicht ausgeschlossen, daß dich jemand retten und seiner Puppensammlung einverleiben wird. Eine zukünftige Generation sieht dich und weiß nicht, wo oder wie du entstanden bist. Wenn Herr Kesch ohne dich nicht zu deiner Stimme gekommen wäre, wie du behauptest, so wärst du ohne ihn unbeweglich geblieben.

9

Der Matischock war bei den ersten, die das Lager Richtung Heimat verließen. Seinen Gehilfen Ostermann übergab er, als „lebendes Inventar", um ihm Vorteile zu sichern, seinem Nachfolger. Das war nun ein sehr anderer Typ. Er ließ es meinen Alten spüren, daß er eigentlich nicht zu den Friseuren gehörte, zumal er nur ab und zu noch mitging, aus Bettelei, wie er sagte. Natalja Iwanowna Schlosser wünschte, er solle nur noch in der Kultur arbeiten. Ein großer Konzertabend, das erste Bolschoi Concert, wurde in Küche 2 vorbereitet. Das sollte er ansagen, und zwar im Frack. Nie im Leben hatte er einen Frack getragen, dazu mußte er erst in sowjetische Gefangenschaft geraten. Auch dieses Kleidungsstück stammte aus oberschlesischem Beutegut. Die Weste dazu schnitt Janine aus Pappe und bezog sie mit Verbandsmull. Knöpfe wurden aufgemalt, die weiße Schleife mußte mit Schnürsenkel umgebunden werden. P. L. ließ bei der Schuhmacherbrigade leichte, flache Bühnenschuhe für den neuen Conférencier anfertigen, sie wurden sehr bestaunt. Strümpfe besaß er nicht mehr, nur Füßlinge aus einer Wolldecke. Auf der Bühne gab es elektrisches Licht, zum erstenmal. Das Lager hatte jetzt eine eigene Elektrostation.

Ein ehemaliger Stellmacher baute nach Angaben des

Musikchefs eine Viola aus Fichtenholz mit Schafdarmsaiten. Für den Bogen besorgte P. L. Schwanzhaare des Pferdes, das den Wasserschlitten zog. Nach der Viola machte der Stellmacher noch ein paar Geigen und dann ein Cello. Seltsam, daß dieses, nach der Lackierung sehr echt wirkende, Instrument im Klang nicht an das früher gebaute heranreichte, die „Zinkblech-Badewanne", deren Körper aus Zinkblech bestand (oberschlesische Beute). Hals, Schnecke, Steg und Stachel waren aus rohem Holz.

Natalja Iwanowna beschaffte echte Blasintrumente – Flöte, Klarinette, Trompete und Posaune. Auch ein Schlagzeug gab es. Das Programm begann mit der Ouvertüre zu „Ruslan und Ludmilla", von Glinka, Rußland und Ludwig Müller, spottete P. L., der den Vorhang zog und das Schaltbrett bediente. Die Instruktorin Schlosser strahlte in der Mitte der ersten Zuschauerreihe auf einer langen Bank ohne Rückenlehne, genau wie alle anderen Sitze. Die Sonne ihres Gesichts schien auch, als der blasse Vater zur ersten Ansage heraustrat, Charlys Chrysantheme am Frack. Sie hörte nicht auf zu scheinen während der ganzen Vorstellung und ging auch dann noch nicht unter. Janines Schleiertanz brachte den dicken Arzt-Major in Bewegung, er kam in die Garderobe und bot ihr eine teure Kasbek an, die Zigarette der Funktionäre. – Ostermann als Ansager war eigentlich ein Witz oder ein makabrer Spaß für Feinschmecker. Man hätte lange suchen müssen, um einen Menschen zu finden, der sich weniger zu dem Geschäft eignete als er. Mit Lampenblässe und Nachtschattenblick, mit über der Stirn irritierenden schwarzen Haarsträhnen, rostiger Stimme und Anfällen von mehr irrem Lachen gab er, zumal im Frack, dem eher volkstümlichen Unternehmen des Bolschoi Concert jene düster-literarische Note, die der KOLIBRI selbstverständlich besessen hatte. Mein Alter war die Gewähr dafür, daß sie nicht ganz verlorenging. Der durchaus bürgerlich wirkenden Natalja Iwanowna gefiel er so, und damit gut.

Sie hätte es gern gesehen, wenn ihre Künstler ausschließlich für Kultura verwendet worden wären, aber die Kommandantur pfuschte ihr immer wieder hinein. Einmal mußten sie Stämme vom Ufer der Tichwinka den Steilhang hinauf ins Lager tragen, ein andermal schneeverwehte Straßen freischaufeln oder nachts zu zweit die Baracke bewachen, in der Kohl- und Brennnesselvorräte lagerten. P. L. und mein Alter zogen als Doppelposten auf. Im Dunkeln ergeben sich seltsame Gespräche. P. L. erzählte, wie er bei Kriegsende aus seinem letzten Panzer gestiegen war, in Berlin, Kurfürstendamm Ecke Uhlandstraße. Er zog die Uniform aus und dankbar den Zivilanzug an, den sein Spieß schon lange für ihn, ohne daß er eine Ahnung gehabt hätte, im Fahrzeug der Schreibstube mitgeführt hatte, und marschierte Richtung Roßlau, Dessau heimwärts. Der Weg führte durch den Fläming, wo er einen Bungalow besaß. Dort fand er seine Frau und die beiden kleinen Kinder tot. Die Frau hatte zuerst die Kinder, dann sich vergiftet, als die Sowjets herankamen. Wochenlang irrte er in dem Gelände zwischen Brandts Heide und der Elbe herum, bis er in Roßlau in dem Betrieb eines Bekannten Arbeit fand. Im August stöberte ihn die Besatzungsmacht auf und schickte ihn als ehemaligen Offizier nach Tschachino.

Im Vergleich damit war Ostermanns Geschichte alltäglich. Nach anderthalb Jahren Gefangenschaft traf die erste Rotkreuzkarte für den unruhigen Dulder ein. Onkel Wilhelm schrieb, daß Malvi mit dem Jungen nach Lichterfelde gezogen sei. Zu wem, das verschwieg er. Ostermann dachte sich sein Teil. Er setzte sich auf die Stiege, die außen an dem Blockhaus angebracht war, in dem sich die Wäscherei befand. Von hier übersah er ein großes Stück des Flusses und die drübigen Waldufer. Hier konnte man auch am besten die oft unwahrscheinlichen Sonnenuntergänge beobachten.

Warum sollte man hier nicht für immer leben können? Wälder und Ströme und die riesigen baumlosen Weiten, das Eintauchen in solche Verlorenheit und der Gedanke, daß man bald von allen Leuten in Friedenau, in Lichterfelde und in der City vergessen sein würde, als wäre man längst gestorben – das war etwas für den verschlossenen Eigenbrötler! In der Taiga, so hörte er mit Vergnügen – ein von da geflüchteter und in Tschachino wieder aufgegriffener Gefangener erzählte es –, hätten Arbeitskommandos in abgeschiedenen Walddörfern Bewohner getroffen, die sie fragten, ob in Sankt Petersburg Zar Nikolai noch lebe.

Per Lenzen wollte fliehen, aber wie? Die Gegend von Bogorodizk war schon vor der Revolution als Verbannungsgebiet berüchtigt gewesen. War jemand flüchtig, so erzählte ein russischer Verbannter aus der Stadt, dann würde sofort im weiten Umkreis an alle Bürgermeister Alarm gegeben, die Behörden schickten Häscher mit Bluthunden los. Hier war jeder Zivile ein Verbannter, er unterschied sich nur dem Schweregrad der Verbannung nach von seinem Nachbarn. Die ganze

Bevölkerung mußte sich in bestimmten Abständen bei der Staatspolizei melden, manche einmal im Monat, manche wöchentlich, manche sogar täglich. Es hieß, in der Zarenzeit sei auch Stalin hier verbannt gewesen. Es gab in der Umgegend sogar Straflager verschiedenen Grades. Sie wurden streng geheimgehalten. Die Deutschen merkten es, wenn sie zufällig mit russischen Zivilgefangenen arbeiten mußten. Die Kulturleute wurden einmal von der Kommandantur, natürlich gegen den Willen von Frau Schlosser, zum Ausladen von Mehlsäcken auf den Güterbahnhof nach Bogorodizk geschickt. Dort trafen sie eine Gruppe gefangener russischer Frauen bei der gleichen Arbeit. Es handelte sich wahrscheinlich um weniger streng bestrafte, denn sie waren noch gut ernährt und so gekleidet, wie es im Gouvernement normal war: Bauernrock, Wattejacke, Kopftuch. Wie Männer schleppten sie Zentnersäcke von den Waggons zu den Speichern. Dort saß eine offenbar Privilegierte neben zwei Körben am Boden. Jedesmal, wenn eine Gefangene mit ihrem Sack vorbeikam, nahm sie ein Stäbchen aus dem einen Korb und legte es in den anderen. Hinter ihr stand eine Aufpasserin und gab acht, daß sie nicht schummelte. Manchmal verließ sie für längere Zeit ihren Posten und war wie vom Erdboden verschwunden.

Einen der Säcke luden die Frauen nicht ab, sie ließen ihn am Rand des Waggons stehen und behaupteten, er sei beschädigt. Man hatte ihn absichtlich eingerissen, das Mehl sickerte heraus. Alle Frauen kamen bei jeder Tour zweimal an dem Sack vorbei, hin mit der Last, zurück ohne sie. Wenn sie ohne Last kamen, schoben sie sich an den beschädigten Sack so dicht wie möglich heran, zogen ihren Löffel heraus, hoben den Rock, zerrten den Schlüpfer mit dem Daumen der linken Hand vom Leib weg und schaufelten blitzschnell eine Portion Mehl hinein. Alle Unterhosen waren hellblau, also von der Einheitsfarbe, die in den Auslagen der Magazine von Bogorodizk zu sehen war. P. L. nannte sie „Okkupantenabwehrschlüpfer", er fand sie wenig reizvoll. Trotzdem freundete er sich mit einigen Frauen an. Sie sorgten dafür, daß auch er und seine Kameraden Mehl bekamen. Sie zeigten ihnen, wie man nach der Schicht durch den engen Schalter gelangte, ohne von dem Kontrolleur belästigt zu werden. Man mußte ihn einfach mit irgend etwas bestechen, und sei es durch ein Säckchen Mehl.

Mit den Frauen gab es eine ziemlich animierte Zusammenarbeit. P. L. sorgte für Lustigkeit. Es kam vor, daß die eine oder andere Gefangene vor Lachen quietschte. Wenig später erlebten sie jedoch eine ganz andere Begegnung. Ostermann und P. L. trafen irgendwo in einer Vorstadt einen Zug strengbestrafter Frauen, das waren aschgraue geschorene Mäuse mit erloschenen Gesichtern, wie Verdammte auf einem mittelalterlichen Bild.

Pers Absichten waren gespalten. Einerseits hegte er Rachegefühle. Mit Hilfe eines Kameraden, eines ehemaligen Ingenieurs, der in der Elektrostanzia arbeitete, hatte er sich einen Radioapparat gebastelt, mit dem er – angeblich oder wirklich – westliche Sender empfangen konnte. Im Lager gab es nur den Moskauer Drahtfunk. Als erster hätte er gewußt, wenn zwischen Rußland und Amerika Krieg ausgebrochen wäre. Daß es geschehen würde, damit rechnete er. Es wurde nicht recht klar, welche Folgen er für sich daraus zog. Andererseits suchte er sich von Tag zu Tag mehr mit den Russen zu verständigen. Ob es nun Posten, Chauffeure oder Passanten in Bogorodizk, auch Kinder und alte Leute des Dorfes Tschachino waren, er kannte eine Menge von ihnen. Mit einigen war er bald befreundet. Seine Kontaktfreudigkeit war unbegrenzt. Er genoß größere Freiheit als die meisten seiner Kameraden. Als Bühnenmeister bekam er nahezu jederzeit einen Propusk von Natalja Iwanowna. Denn für die Bühne gab es immer etwas zu besorgen – in dem zwei Kilometer vom Lager entfernten Bogorodizk.

Zur Zeit der hellen Nächte wurde die ertragreiche sogenannte Lager-Kolchose, ein üppiger Gemüsegarten, der außerhalb des Stacheldrahtes, vor der Todeszone, lag, auf Befehl der russischen Kommandantur von gefangenen deutschen Konvois gegen die Soldaten der russischen Lager-,,Garnison" (etwa zwanzig Mann) bewacht. Auch die Kulturgruppe wurde zu diesem Dienst verwendet. Mit Knüppeln ausgestattete Schauspieler sollten aufpassen, daß diese Strohköpfe von sowjetischen Rekruten nicht nachts in den Garten stiegen und sich mit Gemüse versorgten. Wurden sie verpflegungsmäßig von der Armee so kurzgehalten? War es das in diesem Land oft übertriebene Mißtrauen vorgesetzter Dienststellen? Nein, sie kamen wirklich aus ihrer Unterkunft, ohne sich groß angezogen zu haben, in weißen, langen Nachthemden, in denen sie aussahen wie Mädchen aus alten Romanen. Es hatte gar nichts Gespenstisches, höchstens etwas Freundlich-Elfenhaftes, wenn sie über den Zaun mehr zu schweben als zu steigen schienen, diese jüngsten aller Rotarmisten mit ihrem nächtlichen Appetit auf Gurken und Kohlrabi, Karotten und Radieschen. Das Licht der steten Dämmerung war wie Wein und berauschte auch ein wenig. Steine und andere Gegenstände schienen leicht zu phosphoreszieren, und die Sonne ging höchstens für zwei Stunden unter, aber nur knapp unter den Horizont.

Mein Ostermann hätte keinen verjagt und keinen gemeldet, und auch P. L., der Oberschlaue, bewegte ganz anderes in seinem Sinn. Er trug den Jungen noch zu, was sie brauchten, machte sich Freunde mit dem Mammon, gerechtem oder ungerechtem, denn nur ein Teil der Ernte kam ja ins Lager, den anderen brachte irgendein Natschalnik der Russen für Sondergeschäfte beiseite. Eine Hand wäscht die andere, das sollte sich für P. L. bald erweisen. Er wurde bekannt in der Garnison und hatte Vorteile davon, bekam Machorka, Piroschki und Zigaretten zugesteckt oder wurde zu einem Stakan, einem Wasserglas voll Samogonka, selbstgebranntem Schnaps, eingeladen, letzteren schaffte er nicht allein, da half ihm Ostermann. P. L. war mäßig, schonte die Gesundheit, ein Sportstyp, der immer allerlei im Schilde führte.

Die Kulturgruppe war nicht bloß zur Unterhaltung gedacht, sie sollte vor allem auch politische Werte vermitteln, kommunistische. Das hatte sie in feiner Art getan, im KOLIBRI. Mit der feinen Art fängt es kulturpolitisch an, so war es bei den alten Bolschewisten auch gewesen. Später wird es ordinärer. Die Tendenz sollte derb heraustreten, davor fürchteten sie sich. Frau Schlosser hatte ihre Pflicht zu tun, sie durfte es nicht bei der Unverbindlichkeit des „Bolschoi Concert" belassen, und so entschieden sie sich für ein Tendenzstück, dessen Handlung immerhin schon dreißig Jahre zurücklag. Es hieß „Stürmischer Lebensabend", stammte von Leonid Rachmanow und zeigte einen Universitätsprofessor in Petersburg, der sich am Ende seines Lebens zu Lenin bekennt. Er hat zwei Schüler, Worobjow, einen reaktionären, Botscharow, einen fortschrittlichen. P. L. wollte unter keinen Umständen den fortschrittlichen spielen. So blieb meinem bärbeißigen, aber gutmütigen Alten nichts anderes übrig, als sich eine Gymnasiorka der jungen Roten Armee überzuziehen. Dramaturgisch gesehen, vertrat er das positive Element, aber – sicher anders, als vom Autor gemeint – mit dem Flair eines Manisch-Depressiven aus obskuren Literatencafés – vielleicht nicht schlecht. Zu den vielen Fehlbesetzungen mit meinem Alten kam eine ungewöhnlich interessante hinzu.

Trotzdem wirkte er auch auf die Naiven. Als er nach der Vorstellung auf die Straße kam, riefen ihm russische Kinder, die ihn auf der Bühne gesehen hatten, „Mischka" nach, seinen Spitznamen in dem Stück. Man hatte ein Gastspiel gegeben in dem Nachbarlager am anderen Ende von Bogorodizk. Viele Zivilisten waren erschienen. Ostermann stapfte mit dem Ensemble heimwärts die vier Kilometer zum Lager Tschachino. Glücklich? Oder doch nicht? Schnee wirbelte in Stößen durch die nur von wenigen Laternen erhellte, wie ausgestorbene, aber dennoch klingende Stadt. An den Straßenecken tönte Musik einsam aus Drahtfunkverstärkern, die dort für die Allgemeinheit aufgehängt waren – Lenskijs Liebesschmerz, und dann Borodins Steppentrommel: die Tänze aus „Fürst Igor". Hoch oben am Stadthaus strahlte rotilluminiert der Stern der Weisen des Kreml.

10

Im Hochsommer wurden sie Flößer in Lgow, einem halbversunkenen Ort jenseits der Wälder, an der anderen Seite des Tichwinka-Knies. Im Winter, wenn die Lkws über den zugefrorenen Fluß fahren konnten, waren es kaum mehr als zwanzig Kilometer dorthin. Noch im April fuhr man auf dem schmelzenden Eis. Das Wasser zischte nur so unter den Kotflügeln der Hinterräder weg. In Deutschland wäre die Benutzung des breiten Flusses als Rollbahn, auch wenn die Klimaverhältnisse wie hier gewesen wären, längst verboten worden. Ein Gefangener fragte einen Russen: „Wie lange fahren bei euch die Lkws auf der Tichwinka?" „Bis der erste eingebrochen ist", sagte er.

Jetzt im Sommer ging es per Schiff, das war mindestens doppelt so weit. Die Gruppe sollte noch wesentlich weiter reisen, aus einem absurden Grund, wie sich zeigen wird. Für den Transport kam einer von zwei Dampfern in Frage, entweder der KOMMUNIST oder der FÜNFJAHRESPLAN. Die Gruppe wurde so spät aus dem Lager auf einem Lkw an den Hafen von Bogorodizk gebracht, daß bei ihrer Ankunft der FÜNFJAHRESPLAN bereits abgedampft war, kurz nach halb drei. Nun mußten sie bis neun Uhr abends warten. Da würde der KOMMUNIST die Route übernehmen.

Die Anlegestelle war ein Hausboot mit grünen Flanken und weißgestrichenen Galerien und Holzgeländern. In diesem Boot gab es auch eine Tschainaja. Da etablierten sich gleich ein paar Lgow-Fahrer, zum Beispiel der Trompeter Mamers aus Wien und der aus dem Rheinland stammende Flötist des Orchesters. Die beiden tranken Moskowskij aus Wassergläsern, den berühmten Moskauer Wodka, und waren in kürzester Zeit bereits so weit, daß Mamers seine Trompete versetzen wollte. Als später dem Flötisten, einem ebenso hoch wie breit gebauten Gemütsmenschen, die Flöte abhanden gekommen war, sagte der Trompeter: „Siegst, Spezi, hättst as lieber verkauft." Er erzählte den wenigen, die es verstehen, und den vielen, die es nicht verstehen konnten, daß seine Frau daheim im Ottakring einen Italiener ins Haus genommen und mit dem ein Kind gezeugt habe. Später, als der Flötist über den ersten Schreck wegen des verlorenen Instruments hinweg war und mit öligem Baß Lieder vom Rhein sang, greinte der Wiener vor sich hin und fragte einen russischen Matrosen: „Was mach' i denn jetzt, wenn i heimkomm'? Ich kann doch net wegen dem Bankert Italienisch lernen!" Ein repatriierter Frontkämpfer wollte seinen beiden aufgedonnerten Begleiterinnen beweisen, wie gut er in Feindesland Deutsch gelernt hatte. Mit aufgerissenen Augen schwankte er zwischen den Gefangenen und den Damen hin und her, immer nur dieselben Wörter ausstoßend: „Brjes*lau*, Leobsch*üütz*, Rattib*orr!*" Einer mit einem Holzbein wie aus dem Napoleonkrieg rutschte aus und verschwand am Boden zwischen all den Wodkatrinkern und Machorkarauchern. Kriegsinvalide, Held der Sowjetunion. Niemand machte Miene, ihm hochzuhelfen, bis der Trompeter und der Flötist, selber ziemlich unsicher, ihm unter die Arme griffen und ihn auf Bein und Holzbein stellten. Ostermann fiel auf, daß der Invalide, sobald er wieder stand, ein neues, hochgefülltes Glas Wodka von der Theke holte und es auf der Stirn balancierte, um zu beweisen, wie fit er war. Solch einen Burschen, dachte meine Tranlampe, hätte man in gewissen Situationen bei sich haben sollen. Na, er hatte ja Albert Beuster gehabt, eine Nummer, die sich nach Dienstschluß die Mündung des Gewehrs unters Kinn setzte und mit der großen Zehe Druckpunkt nahm. Stundenlang übte er, natürlich ohne geladen zu haben. Manchmal riß er durch, wurde leichenblaß und übte vierzehn Tage nicht mehr. Wenn er betrunken war, trieb er mit scharf geladener und entsicherte Waffe das gleiche Spiel. Und Orje hatte er gehabt, den friedlichen Helden aus der Naunynritze, zwischen Oranienplatz und Görlitzer Bahnhof, der ihm Blini, kleine Pfannkuchen, in die Pause brachte, als er, Ostermann, das große Orchester des Panzerregiments Prinz Eugen ansagen mußte, bei einem Jazzkonzert westlich Kriwoi Rog. Orje, der ,,Justafn sein letztet" mit ihm teilte, den Eimer Schmalz von einem Schwein, das er Gustav getauft und mit dem er den Rückzug von Poltawa gemacht hatte, bis er es in der Gegend von Nikolajewka schlachten mußte. Mit Recht durfte er behaupten, er sei zu meinem Alten wie eine Mutter ohne Brust.

Gegen neun tönte die dreistimmige Sirene: der KOMMUNIST legte an. Es war dunkel geworden, spät im August. Die beiden Musikanten stolperten, fast wieder nüchtern, aus der Tschainaja auf die Galerie, der Flötist traurig und mit schlechtem Gewissen. Zivile und Gefangene gingen durcheinander über den Landesteg an Bord. Als Wache für die Kulturleute fuhr bloß ein Unterleutnant mit.

Im Zwischendeck, wo sie mit ihren Bündeln zwischen den Kisten und Säcken der zivilen Passagiere lagen, erlebte der Rheinländer eine freudige Überraschung. William hatte die Flöte gefunden.

Der Rest des Dorfes Lgow fristete seine Tage am Rand des großen Stausees, der durch Überflutung eines ganzen Gouvernements entstanden war. Wegen der schmalen Fahrrinne dort mußte ausgebootet werden. Nachts war das zu schwierig. Deshalb waren Fahrgäste nach Lgow, die das späte Schiff, den KOMMUNIST, benutzten, genötigt, erst mal bis zur Endstation, achtzig Kilometer weiter, mitzufahren. Am Morgen würde es dann zurück, ans Ziel gehen. Die großen Räder schaufelten ruhig und gleichmäßig stundenlang, während die Gruppe im Zwischendeck schlief. Im Morgengrauen hielt das Schiff. Ostermann dachte schon, sie wären an den Ladoga-See gekommen, es war aber der Wolga-Stausee, unübersehbar wie ein Meer. Auf dem Hügel am Ufer stand ein einziges, dreistöckiges Haus aus bleigrauem Holz. Seine oberen Fenster fingen an, von der noch unsichtbaren Sonne zu glühen, dann glühten die mittleren. Als die unteren Feuer fingen, stieg über den Horizont die Sonne.

Bei der Rückfahrt bis Lgow kamen sie an vielen überfluteten Dörfern vorbei. Verfallende Kirchtürme, eingestürzte Dächer, kahles Geäst von ehemaligen Obstgärten ragten links und rechts der Fahrrinne aus dem Wasser. Lgow kam in Sicht. Dreimal tönte die Dampfsirene, dann arbeiteten die Maschinen rückwärts, der KOMMUNIST hielt. Ein Kahn wurde vom Ufer herangerudert und legte backbord an. Zuerst kletterte ein altes Weib mit hochgepacktem Rückenkorb die Strickleiter hinunter. Dann mußte die Gruppe ausgebootet werden, ungefähr zwanzig Leute, das war aufsehenerregend hier. Kleine Insel, nahe und ferne Wälder und Wasser, Wasser. Ostermann packte ein Gefühl von Freiheit wie noch nie in seinem Leben. Am Waldrand jenseits eines Seitenarms der Tichwinka unterhielt das Stammlager ein Außenkommando. Da wurden große Stämme über feingliedrige, selbstgebaute, eigentlich primitive Ladebrücken in eine gewaltige Arche Noah transportiert. Vor dem Winter sollte sie, die Russen sagten Barscha dazu, nach Tschachino gebracht werden. Mehrere Leute der Gruppe, auch Ostermann, verbrachten den Abend drüben vor den Hütten des Waldlagers. Es wurde Wacholdertee getrunken. Die Angehörigen des Kommandos schöpften ihn aus einem Hordentopf, der über dem Feuer hing. Ein wildes, bitteres, mächtiges Getränk. Sie bereiteten es, indem sie ganze Stauden samt Nadeln und Beeren in den Topf steckten. Der kleine Chor sang, wie er in der Banja zu singen pflegte, wenn die Kleider noch nicht fertig entlaust waren. Es wurde stockdunkel und sternklar. Ostermann und P. L. hätten nicht mit dem Boot zu ihren Unterschlupfen in den Feldkellern der kleinen Insel Lgow zurückgefunden, wenn ihre Gastgeber nicht auf der Ufernase einen Holzstoß zur Orientierung angezündet hätten.

Wer sich gleich nach dem Ausbooten im gelben Unterhemd und mit Angelgerät entfernte und zwei Wochen nicht mehr blicken ließ, war der wachhabende Unterleutnant, hierorts gewissermaßen der Chef der Gewahrsamsmacht. Niemand vermißte ihn. Die Gruppe wurde morgens von dem Musikchef und einem Schauspieler, die zurückblieben, um das anfallende Holz zu sägen und zu stapeln, in Ruderbooten zum Waldufer jenseits des Tichwinka-Armes gebracht. Den ganzen Vormittag und noch in der Mittagspause sammelten sie Pilze und Beeren, die wuchsen hier massenhaft. Irgendwann am Nachmittag – Uhren hatten sie nicht – kamen sie in eine abgelegene Bucht, die von Treibholz und Stämmen ausgefüllt war. Aus den Stämmen bauten sie ein Floß, richteten an Bord eine junge Fichte als Mast auf, banden an die Spitze einen Wimpel, nannten es Musterfloß und gaben ihm einen Namen. Musterfloß Malvi? Bestimmt nicht. In den allmählich altgoldenen und dann plötzlich in Nacht fallenden Abend stakten sie auf dem Altwasser langsam dahin, mit vier oder fünf Rahmen voller Treibholz an dem Floß. Die Sonne versank hinter dem Überschwemmungsgebiet. Ein Stück vor Lgow kam ihnen in der Dunkelheit der Musikchef entgegengeschwommen. Die Flößer hörten es am Geplätscher, sie hatten diesen Nöck schon erwartet. Er nahm die Zugleine des Floßes zwischen die Zähne und schwamm, Floß und Rahmen hinter sich herziehend, als Zahntrawler zur Insel Lgow. War der Trawler ausgeblieben, so verpflockten sie Floß und Rahmen an ihren Stakstangen, die sie in den meist flachen Grund rammten, und warteten, bis der Musikchef oder der Schauspieler sie in einem Boot abholten. Am nächsten Morgen sahen sie dann von Lgow aus die Stangen fern vor den Wäldern aus dem Wasser ragen.

William staunte über die vielen Beeren und Pilze. Und was für Exemplare das waren! Nach den langen, sehr kalten Wintern drängte sich hier ein tolles Wachstum in den kurzen heißen Sommern. Das meiste blieb ungenutzt, das regte den ökonomischen Lebensmittelfachmann auf. Er hatte einen Tagtraum und sah sich als Natschalnik mit einer Flotte von Barschas und Scharen von Weibern aus den Dörfern der Ufergebiete. An beiden Ufern würden sie stromab Beeren pflücken, während ihnen die Barscha langsam folgte. Das Schiff wäre Unterkunft und Marmeladefabrik zugleich und den ganzen Sommer in den ertragreichen Gebieten unterwegs. Bis zum Herbst müßte eine Riesenernte an Beeren gepflückt und gleich danach verarbeitet und in Gläser abgefüllt sein. Welch ein Geschäft für William!

Sie lagen in der Sonne und ließen sich bräunen, Ostermann und P. L. Man konnte sich einbilden, es wäre am Wannsee. Melodien gingen ihnen durch den Kopf, Schlager, die ihnen mit siebzehn gefallen hatten und noch gefielen: „Merci, mon ami, es war wunderschön, immer wieder muß ich es dir sagen . . .": Klara Zylinder, tausendmal imitiert und nie erreicht, höchstens von Barbara auf der Rassota-Rampe. „Bei mir biste scheen für zwei Mark und zehn", oder Whispering: „Laß mich dein Badewasser schlürfen und dich dann abfrottieren dürfen". Ein kleiner drahtiger Alleinunterhalter hatte einen eigenen Text dazu: „In Deutschland gehn die Pärchen jetzt schon baden, o wie hat man uns hier verladen . . ."

Per Lenzen drehte sich um und verschränkte die Arme unter dem Kopf.

Alle sechs Tage kam neue Verpflegung vom Hauptlager. Der Lkw fuhr durch die Wälder am drübigen Ufer. Hier war der Fluß schon wie ein See. Der russische Fahrer stieg aus und legte sich ins Gras, die Mütze über dem Gesicht. Vorher hatte er einen Holzstoß angezündet. Irgend jemand würde das Feuer schon sehen, spätestens wenn es dämmerte. Dann stieg der Betreffende in den Kahn und ruderte hinüber. Malvi und ich, auch Grandma und Onkel Wilhelm, meinetwegen noch Otten, aber was ging es den an, waren von einem nervösen Heimkehrer falsch informiert worden. Es stimmte nicht, daß Ostermann als ehemaliger Fourier bei der Wehrmacht in Lgow die Verpflegung im Boot abgeholt hätte und bei der Rückfahrt ertrunken wäre. P. L. war hinübergerudert, es war noch hell, als er abstieß. Den Gedanken an die Flucht hatte er nicht aufgegeben. Vielleicht glaubte er, ihn jetzt verwirklichen zu können. Mit Säcken voll Proviant hätte er sich in dem großen, schwer übersehbaren Wald- und Wassergebiet ein ziemliches Stück voranbringen können. Als er geladen hatte und unterwegs war, brach eines der fürchterlichen Gewitter aus, die während des Sommers ein paarmal über der Tichwinka tobten. In Donner, Blitz und Regen trieb der Kahn die ganze Nacht. Per glaubte, er hätte eine Riesenstrecke zurückgelegt, aber als es hell wurde, sah er, daß er im Kreis gefahren war. Völlig durchnäßt und erschöpft kam er auf die Insel und rief, man solle die Säcke ausladen und trocknen.

Wie erging es meinem Finale-Fachmann? Da bin ich

ziemlich sicher: so wie mir beim Anblick eines der neuen Sekuritglas-Beton-Ungeheuer Richard Löwenherz eingefallen war, so brachte ihn das halbversunkene ehemalige Dorf Lgow auf Bilder und Gedanken. Den Kirchturm – er war nur noch Ruine – bevölkerte er mit Gestalten aus der Zeit Peters des Großen, und er phantasierte sich zusammen, wie von hier mächtige Flöße Bauholz nach Norden gedriftet waren, dorthin, wo die neue Metropole des Zaren entstand. Nachts der Sternhimmel, nirgends schien er so hochgewölbt und von Lichtsplittern erfüllt wie über dieser Landschaft, er wurde zu einem Traumspeicher für meinen Alten. Da fand er alles wieder, was ihn je beschäftigt hatte, und eine Menge Neues dazu. P. L. sagt, er habe ihn oft stehen und in Himmel und Weite starren gesehen. Oder macht mir P. L. was vor? Erzählt er es mir nur, weil er ahnt, daß es mir gefiele, wenn mein Vater so wäre?

11

Es war der Lieblingswunsch von Natalja Iwanowna Schlosser, daß sie Gogols „Revisor" aufführten. Ostermann war einverstanden, und er und das Ensemble gaben sich große Mühe. Für den ersten Akt besorgte P. L. eine lange grüne Bauernbank aus dem Dorf. Ostermann ließ sie so aufstellen, daß die Rücken all der Honoratioren, die darauf Platz nehmen mußten, dem Publikum zugekehrt waren, so daß der Polizeimeister, der mit ihnen redete, zu ihnen und zu den Betrachtern frontal stand. Das Finale ließ mein Alter unangetastet. Gogol hatte es durch die letzte, die stumme Szene bereits festgelegt. Natalja Iwanowna wünschte kostümlich eine genaue, historische Darstellung. Man sollte erkennen, was für Verhältnisse im Rußland der Zaren geherrscht hatten und wie nun seit Lenin alles anders, besser geworden sei. Leider bekam man aus dem Fundus des Stadttheaters von Bogorodizk keine Kostüme geliehen, und mit der Schneiderei klappte es auch nicht so, wie man es gewollt hatte. Man mußte improvisieren. Auf das Milieu wurde viel Sorgfalt verwendet. In der Stube des Polizeimeisters wurden Hühner gehalten, und zwar unter dem Tisch, dessen vier Beine umdrahtet waren. Bei der Uraufführung war die Küche 2 überfüllt. Das Bühnenbild wirkte zunächst so, daß seine Echtheit jedermann die Sprache verschlug. Langsam und beinahe ehrfurchtsvoll fand man sich in der Exposition zurecht. Immerhin wurde heute und hier ein Klassiker geboten, ein Welt-Genie, und nicht der sonst übliche Firlefanz. Schon wurde über eine Situation, eine Pointe gelacht, sozusagen normal gelacht. Aber diesem Lachen gesellte sich bald ein anders klingendes, meckerndes, allmählich sogar höhnisches. Natalja, die mit russischen Gästen in der ersten Reihe saß, wurde es heiß. Sie hatte ein Ohr dafür. Was ging eigentlich vor? Ereignisse und Verhältnisse, die man mit kopfschüttelnder Lustigkeit als historisch, ja als vorsintflutlich hätte registrieren sollen, wurden von denen, die es wissen mußten, als durchaus aktuell erkannt. Man war zum Beispiel in der Wohnung des gutmütigen Arztmajors gewesen und hatte gesehen, daß die Hühner im Winter wirklich in der guten Stube untergebracht waren, der Tisch mit seinen maschendrahtumspannten Beinen diente auch als Stall. Also die Wirkung war ungeheuer, für die Genossin Schlosser allerdings eher ungeheuerlich. Schlimmer als die Hühner unterm Tisch oder das Stroh auf dem Fußboden waren die vorgeführten Verhältnisse: Korruption, Nachlässigkeit, Hochstapelei, List, Unverfrorenheit, auch Gutmütigkeit – mit einem Wort der russische Alttag wie eh und je. Tobender Beifall! Nur Natalja war entsetzt. Dabei gab sich das Publikum nicht nur rein spöttisch oder gar gehässig. Dieses Land bezwang alle, die in ihm lebten, so, daß sie – auch als Fremde – allmählich ein Stück von ihm wurden. Man klatschte auch, weil man davon ergriffen war, wie diese große Dichtung zeigte, was menschlich ist, besonders zwischen Bug und Ural.

In Natalja Iwanowna regte sich leider das bolschewistische Gewissen. Sie behauptete, das Stück käme nicht gut heraus, man habe zu viele Fehler gemacht. Vor allem sei die Kostümierung ungeschickt. Hätte man in den Moden aus der Zeit Nikolais des Ersten gespielt, dann wären die Verhältnisse wohl so verstanden worden, wie es sich gehört.

Sie war sehr verärgert. Aber im Oktober, als unbedingt die große Revolution gefeiert werden mußte, konnten Ostermann und seine Schauspieler sie entschädigen. Im Lager gab es in jenem Herbst schon Rabatten mit Kalenderblumen. Immergrün waren die Wälder der Tichwinka, aus denen genug Zweige geholt werden durften, und so gab es reichlich Blumenschmuck. Janine arrangierte ihn. Der gesamte Bühnenhintergrund und zwei Rednerpulte wurden mit Tannengrün besteckt. Der Schauspieler, der in Lgow mit dem Musikchef Holz gestapelt und machmal die Flöße hereingeholt hatte, und mein Bleichgesicht von Vater (er sah aus, als wäre er leibhaftig einer aus dem Oktober-Klamauk) sprachen abwechselnd den effektvoll aufgeteilten Text aus dem einzigen Buch, das der Gruppe zum Thema zur Verfügung stand: Stalins Geschichte der KPdSU. Viel rotes, goldverbrämtes Fahnentuch, geschickt verteilt. Der Musikchef und Zahntrawler von Lgow dirigierte ein kleines Orchester. Der Wiener Trompeter blies so raffiniert, daß sich sein Instrument wie Fanfare anhörte. Nach jedem Textblock ließ ihn der Zahntrawler, ein Meister hymnischer Musik noch aus Hitlerjugendzeiten, die ersten Takte der Internationale spielen, jeweils eine Quint höher, um die Spannung zu steigern. Endlich war es soweit: die Kader marschierten auf zum entscheidenden Sturm, der große Chor sang schwer und im breiten Rhythmus „Brüder, zur Sonne, zur Freiheit". Natalja Iwanowna war glücklich. Nach dem Schlußapplaus erhob sie sich, ging auf meinen musterhaften Revolutionär zu, reichte ihm die Hand und sagte, vor Begeisterung ein bißchen unbeherrscht: „Ich danke Ihnen, Genosse Ostermann!" Genosse: das muß man sich mal vorstellen. Kein Gefangener wurde mit Genosse angeredet, auch nicht Landser, die früher vielleicht wirklich einmal Genossen gewesen waren. Zu den Russen sagten die Plennis Herr oder Frau (Gospodin, Gospascha) wie in feudalen Zeiten. Towarischtsch, das russische Wort für Genosse, wäre nicht in Frage gekommen. Mein Knittergesicht bekam sozusagen den proletarischen Ritterschlag. Die Theatergruppe hatte unter seiner Führung ihr Soll übererfüllt, sowjetisch gesprochen. Nachdem sie sich diese große rotgoldene Schleife gebunden hatte, konnte sie wieder eine Weile unpolitisch sein oder was man anderswo vielleicht so nennen würde. An der Tichwinka gab es nichts Unpolitisches, deshalb durfte zum Beispiel nie der Schmachtfetzen von dem Soldaten am Wolgastrand von Léhar gebracht werden, denn die Operette hieß „Der Zarewitsch" und wäre selbstverständlich „nicht gut herausgekommen". Eine Begründung wurde nicht gegeben. Meinen Alten ärgerten solche Albernheiten, aber er konnte nichts dagegen tun.

Inzwischen hatte der Zauberer Kesch eine neue Nummer in sein Programm aufgenommen. Jetzt wollte er eine Jungfrau, genauer deren Darsteller, schweben lassen. Das ging nicht ohne fremde Hilfe, er mußte sich also wohl oder übel in die Karten schauen lassen. Ostermann, obwohl als Conférencier immer in seiner Nähe, hatte nicht viel entdecken können, und Charly war ohne seinen Herrn äußerst verschwiegen, eine Puppe eben. Gerade das konnte die Schwebende selbstverständlich nicht sein. Wie Charlys Wirkung darin bestand, daß er Puppe war, so bestand die der Schwebenden darin, Mensch zu sein. Nicht einmal das Geschlecht ist bei dieser Art Jungfrau so wichtig. Einen schlanken Jüngling, der sich geschmeidig bewegen kann und als Dame verkleidet ist, nahm man Vater Kesch unbedingt ab, zumal jedermann wußte, daß eine echte Frau nicht zu haben war, wie denn? Weder die polnische Gräfin noch die deutsche Nervenärztin, noch die beiden finnischen Lottas waren damals schon im Lager. Und Russinnen? Natalja kam natürlich nicht in Frage. Aber die Ärztin der Roten Armee oder die

Krankenschwester? Vielleicht die Ökonomin? Die hatte gerade einen Doppelzentner Weizen verschoben. Frau Schlossers Landsmänninnen wären auch allesamt zu füllig gewesen für Vater Keschs Experiment. Dortzulande galt bei den Frauen noch sympathischerweise das vollschlanke Ideal. Spindeldürr waren nur die weltberühmten Primadonnen des Balletts, aber die verirrten sich nicht an die Tichwinka. Außerdem hätte die Instruktorin einer Conpatriotin nie erlaubt, sich Herrn Kesch zur Verfügung zu stellen. Sollte etwa ein besiegter Faschist eine sieghafte Bolschewistin schweben lassen? Das wäre schon mehr als ungewöhnlich, das wäre absurd gewesen, selbst für Keschs Verhältnisse. War er überhaupt ein Magier? Ein geschickter Vorführer von Schauobjekten, das war er, dabei kein simpler Geldverdiener, der Pionieroffizier zweier Weltkriege, der Taxichauffeur zur Zeit der großen Arbeitslosigkeit, Claquenchef in der Scala und was noch alles. Er hatte es hinter den Ohren, lachte nicht, wenn die andern lachten, diese unerschöpfliche Kalauerkiste. Nur wenn den andern ihr Lachen verging, setzte er ein unverschämtes Grinsen auf, als hätte er immer schon gewußt, was auf dieser Erde gespielt wird. Er in dem pfeffer- und salzfarbenen Anzug in der Mode der zwanziger Jahre, die Frisur eine aschblonde Bürste über der unverschämt rosigen Stirn. Wie konnte er bei diesen Verhältnissen so gesund aussehen? Sein Geheimnis, wie so vieles. Aber jetzt mußten ihm ein paar Leute genauer auf die Hände schauen, nämlich Paule-Janine (als schwebende Jungfrau), William als Gehilfe und meine Tranlampe als Conférencier und zweiter Gehilfe.

In aller Stille hatte sich Kesch in der Lager-Klempnerei nach Paules Maßen, zusätzlich zweier Busenhügel, eine Drahtfigur bauen lassen. In ihrer Mitte wurde ein Besenstiel vernietet, daran konnte man, wenn man stark genug war und vorsichtig mit dem Ganzen umging, das Gebilde halten, ohne damit am Kopf- und am Fußteil auf- und niederzuwippen. Schaukeln durfte man dieses aus Draht gebogene Außenskelett einer weiblichen Figur unter keinen Umständen, das hätte die Illusion gefährdet.

Bei den Proben sah man, daß Kesch kein Dilettant war. Janine und besonders William mußte er immer wieder vom Ernst seiner Arbeit überzeugen, Ostermann nicht, der war von ähnlichem Kaliber wie er, beinahe so etwas wie des aschblond-abgründigen Professionals jüngere, nachtschwarze Variante. Auch er ließ, allerdings nicht hinter einem rosigen, sondern hinter dem Gesicht in der Farbe einer vertrocknenden Zitrone seine wahren Gefühle nicht ahnen. Ostermann agierte im Frack, zwischen ihm und Kesch Janine im langen, schulterfreien Gesellschaftskleid mit Straßbesätzen, dazu reicher Modeschmuck. Im Mittelgrund der Bühne waren Bretter aufgebockt und durch übergehängte Laken in eine Art Couch oder auch Katafalk verwandelt worden. Auf diese Liege wurde die Dame von dem Magier komplimentiert. Sobald sie lag, faßten Kesch und Ostermann ein zweites Laken, hoben es wie einen Vorhang vor die Liege, zwei, höchstens drei Sekunden lang. In dieser knappen Zeit geschah Entscheidendes hinter dem Laken, dem Publikum verborgen. Kesch zitterte bei jeder Probe und erst recht bei der Aufführung um das Gelingen, das zum erstenmal nicht von ihm allein abhing. Wichtig für den entscheidenden

Vorgang war jene Versenkung, durch welche P. L. einst die von den Kameraden herangeschleppten und von ihm gehamsterten Birkenstämme transportiert hatte, ein für dieses Geschäft und eigentlich auch für Keschs Trick viel zu kleiner, viereckiger Einschnitt in den Bühnenboden. Darin mußten affenartig die lange, schlanke paulinische Janine verschwinden und der breite, feiste William bis zur Brust auftauchen mit dem Drahtgestell, das regelmäßig, jedenfalls während der Proben, scheppernd an die Bretter der Bühne stieß, und gerade das sollte doch auf jeden Fall vermieden werden. Hatte William das Gestell an dem Besenstiel glücklich auf den Katafalk oder die Couch gehievt, dann ließen Kesch und Ostermann ihr Laken langsam darübergleiten, und etwas sehr Wichtiges war geschafft. Vollkommene Illusion: es sah wirklich so aus, als läge ein Mensch und keine Drahtpuppe unter dem Leinen. Nun kam die Beschwörung, für alle, die durch den angeblichen Zauber benebelt werden sollen oder wollen, eine packende Sache, für den Beschwörer selbst der reine Tinnef, der darf es nur nicht zeigen. Bei seinen ersten Auftritten in Tschachino hatte Kesch einen Zauberstab benutzt, mit dem er an eine Tasse, auf ein seidenes Tuch oder in einen Zylinder aus Oscar-Meyer-Blech klopfte, ein einfacher Fichtenstab, schwarz angestrichen, mit kleinen Weißblechkappen an den Enden. Er sei aus Ebenholz, kalauerte Kesch, sei „eben . . . Holz". Die Jungfrau beschwor er ohne Stab, er hob die Hände, spreizte die Finger und stellte sich auf die Zehenspitzen. Das war Williams Augenblick. Er stemmte von seiner Luke aus, für das Publikum unsichtbar, das Gestell samt Lacken hoch, so hoch, daß die untere Kante des Lakens mindestens handbreit über dem oberen Rand der Couch oder des Katafalks schwebte. Während dieser Beschwörung verließ Janine eiligst ihre Unterlage, William mußte den kleinen Ausschnitt der Versenkung so weit wie möglich freigeben, damit sie an ihm vorbei in den Untergrund der Bühne und dadurch nach draußen kommen konnte.

Daß der Assistent mit dem Gestell wackeln könnte, war Keschs größte Sorge. Wenn Williams Anstrengung in diesem Augenblick nachgelassen hätte, wenn er nicht mehr hätte halten wollen oder können, wäre jede Wirkung verspielt gewesen. Eine horizontal schwebende und dabei wie eine Schaukel schwankende Jungfrau ist verdächtig, erscheint einem normalen Zuschauer nicht als ein Mensch, sondern als Unding, er durchschaut, wenigstens halbwegs, daß man ihn für dumm verkaufen will.

Paul alias Janine war ein heftiger Tagträumer. Auch als Schwebende wäre er gern abgedriftet, aber das war bei der konzentrierten Probenarbeit nicht möglich. Scharf mußte er aufpassen, daß er rechzeitig von der Liege weg, an William vorbei unter die Bühe kam. Einmal jedoch war es anders. Oder bildete er sich das ein, während einer Probe und beileibe nicht in der Vorstellung, um Gottes willen, das hätte unangenehm werden können. Er lag so und lag, der Augenblick, in dem er wegflitzen sollte, verstrich, er lag wie gelähmt, und dann fühlte er sich emporgehoben wie von unsichtbaren Händen. Was ging mit ihm vor? Das Gefühl wunderbarer Schwerelosigkeit erfüllte ihn, er lag mühelos, als wäre seine Liege mit ihm aufgestiegen. Zur Probe tastete er unter die Schenkel: nichts. Die Luft schien ihm Halt zu geben wie eine Matratze. Langsam näherte er sich dem Gebälk der Barackendecke. William starrte ihm nach aus der Versenkung, die runden Augen in seinem breiten Gastwirtsgesicht wie schwarze Sonnen. P. L. äugte ungläubig vom Schaltbrett her, hinter der einen, zur Seite gezogenen Hälfte des Vorhangs, zu Janine hinauf. Ostermann tat, als wäre alles so wie immer; und der Meister? Kesch, sonst verdammt nervös auf den Proben, war die Ruhe selbst. Er lächelte, lächelte die schwebende Jungfrau an, als fühlte er sich am Ziel seiner Wünsche. Zum Zeichen einer geheimen Komplizenschaft kniff er das eine Auge zu. Was ist das für ein Mensch? Janines Tagtraum zeigt ihn ihr für Augenblicke als Taxichauffeur beim Abrechnen im Bötzow-Quell an den Bülowbogen oder da, wo sich später Walterchens Ballhaus etabliert hatte. Dort sitzt er in Lederjacke und Schirmmütze, abseits von den Kollegen, und zählt die Einnahmen. Oder in der Martin-Luther-Straße im Vestibül der SCALA, wo er als ihr Chef die Claque instruiert, lauter zwielichtige Gestalten aus Schöneberg und Wilmersdorf. Er hat einen Sitzplan in der Hand, weist jeder Type ihren Platz an und verteilt die Eintrittskarten. Dann sagt er ihnen, wo er sitzen wird: „Da schielt ihr hin, und wenn *ick* klatsche, denn klatscht ihr ooch."

Zauberei – was ist das? Bezaubert sein: sich willig den Illusionen überlassen, nicht wissen wollen, wie das gemacht wird, was man da sieht. Wenn der Zauberer eine Maharani oder die kleine Geisha in der Lackschatulle zersägt hat und sie im nächsten Augenblick heil aus dem Zwischenvorhang tritt, halten alle Kinder es für ein Wunder, das ganze Haus applaudiert, auch ohne Keschs Claque.

Kesch, immer wieder Kesch. Keiner wußte genau, wo er hergekommen war. Er erhielt nie Post und verschickte auch keine, und als er dann entlassen wurde, verschwand er so spurlos, wie er aufgetaucht war. Nur noch ein Lebenszeichen, ein typisches, brachte ein Apotheker mit, der in Brest wegen angeblicher Zugehörigkeit zur Waffen-SS wieder ins Lager geschickt worden war. In Brest-Litowsk, an der polnischen Grenze, mußte man als Heimkehrer nackt durch die sowjetischen Kontrollbaracken, mit seinen Klamotten in der Hand. Zuerst wurde der linke Oberarm geprüft, ob sich da – Merkmal der SS – das eingebrannte Blutgruppenzeichen befände. Wehrmachtsangehörigen war es auf die Erkennungsmarke gestanzt worden. Da sich in der ersten Zeit der Gefangenschaft viele SS-Leute die Blutgruppentätowierung – oft gegen Brot oder Papyrossi – hatten herausschneiden oder -brennen lassen, waren die Russen mißtrauisch und schickten alle zurück, bei denen sie am Oberarm eine Veränderung der Haut feststellten, sei diese nun angeboren oder durch abgeheilte Furunkel entstanden. Allein diesem Umstand verdankte mancher einige weitere Jahre hinter Stacheldraht. Nach der Armuntersuchung wurde das Gepäck gefilzt. Vor dem in seiner Nacktheit satyrhaften Kesch ging ein mittelgroßer Nackter, der immer aufgeregter wurde, je näher sie den filzenden Soldaten kamen. Er hatte im Lager eine Menge geschrieben, nichts Politisches, einige Novellen und eine große religiöse Dichtung. Es war verboten, Schriftliches nach Hause mitzunehmen, das wußte er, und nun packte ihn die Angst. Er warf die Manuskripte, etwa sechs schmal zusammengekniffene, eng und in winziger Schrift geschriebene Bögen, hinter eine Kiste. Kesch hatte den Mann schon eine Weile beobachtet, er nahm die Papiere auf und sagte: „Gestatten Sie?" Der Autor war verblüfft. Kesch schob sich vor ihn in die Reihe, seine Oberarme wurden nicht beanstandet. Dem Filzer mußte er zuerst die Innenflächen seiner Hände zeigen. Hinter ihm wurde dem Autor heiß trotz der Kühle, die in der Baracke herrschte. Zwischen den Wurzeln von Keschs Fingern ragten lang wie Papyrossis seine Manuskripte. Der Soldat befahl: „Umdrehen!" Kesch zeigte die Außenflächen, dabei hatte er blitzschnell die Papiere so bewegt, daß sie jetzt von den Unterseiten der Hände des Zauberes ihrem Hersteller entgegenstarrten. Der Filzer hatte nichts gemerkt, Kesch konnte passieren. Geschicklichkeit, ist sie nicht Hexerei?

Als sie sich wieder anzogen, warf Kesch dem Dichter mit unwahrscheinlicher Nonchalance und Eleganz, jetzt mehr Kurfürstendamm als Bülowbogen, seine Manuskripte zu, schüttelte mit komischem Ernst den Stiftenkopf und sagte: „Macht man doch nicht, im letzten Augenblick noch nervös werden!" Mehr hat man von ihm und seinen Zauberkünsten weder gehört noch gesehen.

– Was ist, Janine, machen wir nicht weiter?

Wo war sie denn eben gewesen? Janine! Paule! Na, du machst mir Laune. Bist du öfter so?

– Bloß wenn sie ihre Tage hat, ulkte P. L.

Öfter so? Wie denn: so?

– Hoffentlich passiert dir das bei der Aufführung nicht!

Nein, es klappte, bei der Premiere und dann noch

ein paarmal, nicht oft. Hätte man Kesch Gage bezahlen müssen, so wäre das sehr aufwendig geworden. Musiknummern können beliebig wiederholt werden, ,,Musik ist immer wieder neu", pflegte die Instruktorin ebenso richtig wie einfältig zu sagen. Illusionskunst dagegen hat bei allzu häufiger Wiederholung vor demselben Publikum ausgespielt. Kesch kann gewohntes Altes nicht immer neu machen wollen, er muß das ungewohnte Alte neu entdecken und erwecken.

Manchmal ging mitten im Programm das Licht aus, und jemand lief zu der lagereigenen Elektrostation und drängte darauf, daß der Schaden schnell repariert wurde. In der Zwischenzeit waren im Theatersaal der Küche 2 ein paar hundert Mann bei Stimmung zu halten, und zwar im Dunklen. Ostermann, der Conférencier, veränderte sich beträchtlich: er schlüpfte in sein eigentliches Element; er, der lieber im Verborgenen die Fäden zog, als dem Publikum voll beleuchtet entgegenzutreten, er fing an, im Dunklen zu erzählen, als wäre er von der Helligkeit erlöst, ein Dunkelerzähler von Graden. Zuerst schaukelte er sich ein, tastete Motive ab, kam von diesem auf jenes. Schon verknüpfte sich das eine mit dem anderen, eine Geschichte begann, ein Roman, in den er sich völlig verlor, so daß er dastand wie ein ertappter Spuk, wenn das Licht unter dem Aufheulen der etwa hundert Meter entfernten Maschine der Elektrostanz langsam wieder anging. Ostermann, der sich am liebsten verkriecht! In den Mutterleib zurück und von da aus das Unbegreifliche kommentieren! Wer erbarmt sich deiner? Manchmal packt es mich so, da möchte ich den eigenen, mir unbekannten Vater als Kind an die Brust ziehen. Was wird er erzählt haben, und wie hat er es erzählt? Vielleicht so ähnlich, wie ich es vor der Klasse tat, wenn der Konrektor mich nach vorn geholt hatte: Kindergeschichten, Frauengeschichten, Heimkehrergeschichten! Indianer- und Trapper-, Matrosen-, Ritter- und Soldatengeschichten? Von Soldaten weniger, das kannten die Zuhörer aus eigener Erfahrung.

Keschs Darbietung hätte unter solch plötzlicher Verdunkelung am meisten gelitten. Gott sei Dank brauchte die Jungfrau niemals im Finstern zu schweben. Ostermann überkam das große, das Finale-Gefühl noch vor dem Schluß der Nummer. Wie eine Leiche hatten sie Janine zugedeckt, und genauso war sie auch langsam und feierlich emporgeschwebt. Was jetzt noch kommen mußte, war die Auferstehung. Kesch, genauer William, ließ sie, das heißt die Drahtfrau, wieder auf den Katafalk hinab. Mit einem Ruck zog Kesch das Laken herunter von der nicht mehr schwebenden Jungfau, also dem Gestell. Wie verrückt bewegte es William weg und ließ es, scheppernd oder nicht, in der Versenkung verschwinden. Das Orchester setzte voll ein, Tusch und noch einmal Tusch. Aus der Tür ganz hinten im Saal, hinter den letzten Zuschauerreihen, trat die paulinische Janine, strahlend, einen Strauß Kalenderblumen im Arm. Den Raum unter der Bühne, wo P. L. sein Birkenholz lagerte, hatte sie durch eine Luke verlassen, war außen an der Baracke entlanggegangen, jemand hatte den Strauß bereitgehalten, mit dem sie im Hintergrund des Raumes aufgetaucht war. Janine kletterte zu Kesch an die Rampe, Applaus, Verbeugungen, Vorhänge. Dann konnte der Meister aufatmen und sich die Stirn wischen. William hatte es schon getan.

12

Sie waren beim großen Entwanzen, als der Bote von Natalja Schlosser kam. Die Instruktorin ließ Ostermann mitteilen, daß er zum Kulturchef befördert werde. War das immer noch der Dank für den Oktober-Klimbim? Sein Vorgänger, ein pfiffiger Operetten-Tenor, auch schmachtender Lensky-Interpret, Schwarm Natalja Iwanownas und eleganter Partner der paulinischen Maske in Blau, hatte das Glück gehabt, entlassen zu werden.

Um die Wanzen einigermaßen wirksam zu bekämpfen, hatte P. L. ein eigenes System. Mit seinem berühmten Hammer schlug er die große Pritsche der Kulturgruppe auseinander, goß Kerasin in die Ritzen der Bretter und der alten, harten Stützhölzer und zündete an. Enorme Flamme. Sah bedrohlich aus. Der russische Feuerwehrnatschalnik hätte das nicht sehen dürfen. Wenn das Kerasin heruntergebrannt war, setzte P. L. die Pritsche wieder zusammen, und die anderen Bewohner konnten Wände und Decke weißen und so die Spuren der vielen zerquetschten roten Insekten beseitigen, all die abgeschossenen T 34, Panzer 4, Tiger oder Josef Stalins. Je nach ihrem Ernährungszustand bezeichnete man allgemein im Lager die Wanzen mit den einschlägigen Ausdrücken der gegenseitigen Panzerwaffe.

Nun war also mein Alter so was wie ein Direktor, wenn auch in einem Wanzenstall, genaugenommen. Die alte Flechtenblüte war endlich mal zu etwas gekommen, aber wo und unter welchen Umständen! Wo war er denn schon gewesen seither, seit seinem Start?

In seiner Jugend galten Vorstellungen, denen er nicht entsprechen konnte. Er war weder zäh noch flink noch hart, eher das Gegenteil. Sein Teint und seine Hautfarbe waren nicht erwünscht, seine Einstellung zum Leben galt als defaitistisch. Die Papiere soweit in Ordnung. Keine Sonderklasse, dieser Ostermann. Nichts weiter auf dem Buckel, als was jeder erlebt hatte. Gewiß, es genügte auch. Aufnahme ein bißchen verwackelt.

Seine Ära als Intendant fing er gleich mit einem großen Remmidemmi im Stil der verblichenen Rassota-Rampe an, Riesenklamauk zum Mitsingen, die beliebte Volksbelustigung, Thema: ,,Schön ist so ein Ringelspiel", mit dem Ottakringer Meistertrompeter Mamers als einer der Zugnummern. Kesch ließ noch einmal die Jungfrau schweben, und der Schauspieler, der im Oktober die Leninschen Kader vom Finnischen Bahnhof zum Winterpalais hatte marschieren lassen, trat hier als Trambahnschaffner, als Kellner und als Type vom Wurstelprater auf. Das Orchester kam nicht zu nah und ging nicht zu weit, will sagen, es verzichtete auf russische Folklore und wurde, was Jazz-Freunde bedauerten, auch nicht zu amerikanisch, also die richtige Soße für den sprichwörtlichen kleinen Mann. Wunschkonzert-Niveau, Feierabend-Zinnober für Werktätige. Soweit, so gut. Frau Schlosser hatte nichts dagegen. Aber es blieb ja nicht beim Ringelspiel, im Kleinen Saal kam die ,,Tote Tante" von Curt Götz heraus, ein Theatermann erinnerte sich beinahe des ganzen Textes, schrieb es auf und dichtete Fehlendes dazu, das alles war noch ganz annehmbar. Dann folgte ein Schlagerfest auf das andere, ,,Traummusik" und ,,Es fährt immer noch ein Zug", und wie sie alle hießen, „Maske in Blau" – aber nicht in Rot, und Natalja Iwanowna wartete so sehr darauf. Es gehörte einfach zu ihrer Pflicht, dafür zu sorgen, daß die Gefangenen ideologisch bedient wurden. Eines Tages war sie weg. Es hieß, sie habe Urlaub, aber Ostermann und P. L. machten sich so ihre Gedanken. Als Aushilfe trat eine Type in Aktion, die wegen einer Zahnlücke erheblich lispelte, Gospodin Lew Schneider, ein gebürtiger Lette. P. L. kannte ihn noch aus der Zeit, als das dort anfing in Tschachino. Da hatte er als Kommissar die Arbeitskommandos kontrolliert, ein Schnüffler, der seine Nase überall hineinsteckte. Er war meist ziemlich aufgeregt und lispelte um so mehr, außerdem stotterte er fürchterlich. An den arbeitenden Plennis war er entlanggelaufen und hatte gerufen: „Sch-sch-schneller machen da-das!" Als er Instruktor wurde, gab es schon Drahtfunk im Lager. Manche Veranstaltungen wurden aus der Küche 2 in das Lazarett übertragen. P. L. riet Ostermann, er solle bei der Schlußansage den Satz nicht vergessen: „Vorsicht, Kameraden, F-F-Feind hört mit!" Mein Alter tippte sich an die Stirn. Lew Schneider kam der Kommandantur entgegen und sorgte dafür, daß die Künstler halbtags in den Arbeitskommandos oder wenigstens als Konvois beschäftigt wurden. Gerade das hatte Frau Schlosser immer verhindern wollen.

Ostermann und P. L. stießen beide zu einer Gruppe, die am Hafen oder in der Werft eingesetzt war. Acht Stunden Wache an einem Holzzaun, da kommt man auf die verrücktesten Ideen. Komisch, was einem alles wieder einfällt, Vokabeln, Formeln, Gedichte aus der Schulzeit. Sachen, die man längst vergessen geglaubt hatte. P. L. konnte stundenlang singen: ,,Auf den Bergen blüht die Freiheit", Lili Marleen, Johann Sebastian Bach als sketsong, ,,dadü dadidada dadidumda duda", mit Wechsel zwischen Brustton und Falsett, wie einst die Comedien Harmonists. Oder russisch: Bajuschki baju, das kaukasische Wiegenlied nach Lermontow. Gleich darauf ,,Wenn die blauen Veilchen blühen" und ,,Everybody loves my Margret": ,,. . . When we shall be marry, what a happy day!" Ein doller Programm-Salat. ,,Auf hebt unsre Fahnen", ,,Im Frühtau zu Berge", ,,Nichts kann uns rauben . . ." (das hatte einst, vor wohl tausend Jahren, der Zahntrawler komponiert). Jemand hörte P. L. so tönen und fragte erschrocken, ob er wohl die ,,Stunde der jungen Nation" veranstalte, das war ein Titel im Programm des Deutschlandsenders Königswusterhausen gewesen.

So stur und gewissenhaft wie die Russen (die Kameraden von der anderen Feldpostnummer, wie man im Krieg sagte) schob P. L. seine Wache nicht. Manchmal trieb er sich stundenlang an der Tichwinka und im Hafenviertel herum. Ostermann schloß sich ihm gelegentlich an, wenn auch nicht sehr begeistert. Meinem Mauerblümchen hätte das lange Hocken an den Zäunen nichts ausgemacht. P. L. lief immer flink vorneweg, durch die Parachin-Büsche und den Sindejewschen Wald, dann vorbei am Sägewerk Warnawizy längs der Tichwinka, dann kommt die Bucht. Man sieht auf der Höhe die Stadt, Bogorodizk, das Lenin-Rondell. Müdigkeit flockt aus dem Gipsmonument des Erfinders. Schläfrig bohrt er mit weit ausholender Geste seinen kommunistischen Zeigefinger in eine unsymbolische Richtung. Der P., denkt Ostermann, der L. schlägt einen Trab an, wir müssen ja noch um die ganze Bucht laufen. Aber da ist Per bereits auf dem Holz, das diese Bucht ausfüllt, zu kleinen Flößen gebündelt, als wäre es aus Lgow gekommen. Ostermann ist schon hinter ihm, zuerst etwas zögernd, dann Sprung auf Sprung, wie aufgezogen, wie ein Hampelmann, dazu zwingt der Boden, der nicht mehr nur schwankt, sondern nachgibt, sich wegdrehen will. Daran haben sie nicht gedacht, daß hier nicht nur Flöße schaukeln. Auch einzelne Stämme mischen sich gefährlich dazwischen, Karwenzmänner mit Rücken wie Flußpferde, grauglänzend, glitschig. Ohne ihn, Lenzen, denkt Ostermann, wäre ich hier nicht raufgegangen. Anfrage Uhrzeit, rief man in der Baracke, wenn man wissen wollte, wie spät es war. Denn nur einer besaß eine Uhr, nämlich der Barackenposten. Ach was, Uhrzeit – die Zeit geht zu Ende. Bei der Rassota-Rampe in Tschirm, im Wald von Kopzewice, im Trommelfeuer und vor den feindlichen Gardepanzern am Narew und wo noch überall über die Runden gekommen – wäre ein himmelschreiendes Pech, hier auf so dumme Art den Hintern zukneifen zu müssen.

Keinen Augenblick stehenbleiben, trippeln wie beim Fußball, den meine Anti-Sportskanone nicht mochte, leichtfüßig von einem Stamm auf den andern, nicht abrutschen, um Gottes willen nicht zwischen die Stämme geraten! P. L. ist weit voraus. Deine Angst wird ihn einholen, da holst du Bestzeit raus, so schnell bist du lange nicht gewesen. Während du läufst, spult ein Film ab in deinem Hirn: da ist ein kleiner Gips-Jesus, nach Thorwaldsen, du siehst dich als Kind, nimmst ihn von der Konsole des Kachelofens. In seine segnenden Hände paßt das Steuerrad deines Postautos aus Holz. So wird er Chauffeur bei dir. Kaiser Wilhelms Büste schaut vorwurfsvoll vom Giebel des Hauses gegenüber. Nacht verteilt die Angst in Hausflure und Höfe der Stadtlandschaft deiner Kindheit. Goebbels steht am Brandenburger Tor auf einem Podest und hebt die Hand. Auch du bist Napoleon und Kaiser Wilhelm I. und der Berliner SA nachgefolgt durch diesen preußisch-spartanischen Eingang zur Straße Unter den Linden, als Hitlerjunge und mit der Fackel in der Hand, ein Jahr nach Hitlers Machtüberrumpelung. Da steht Claire Waldoff, die den Bubikopf schüttelt, weil sie „Hermann heeßt er" nicht mehr singen wird, sosehr das Publikum auch klatscht und trampelt. Hermann Göring ist pikiert davon. Claire zeigt den Leuten den Vogel und hält die gespreizten Finger der rechten Hand vor das Gesicht zum Zeichen, daß sie wegen des Liedes schon einmal hinter Gittern gewesen ist. Die spots verwirren sich, sind kaum mehr alle zu registrieren. Da ist ein bretonisches Hotel und der Wind und die Besatzungszeit, der Soldat und der Regen, die Volants, das Meer und die Trennung, das Jungsein. Eine Einstellung zeigt Malvi von einer Seite, die ihn immer sehr berührt hat, eine andere holt Grandma und Onkel Wilhelm in die Linse – Ostermann, wo willst du noch hin? Du bist an Land. Was rennt denn der Mensch? Der will wohl über die Grenze, tausend Kilometer von hier! Per ihm nach als geübter Sprinter, dagegen kommt die trübe Tasse nicht auf. Per erreicht ihn, reißt ihn an den Schultern zurück: Hiergeblieben! Hast wohl 'ne Blase im Kopp?

Und mein noch jugendliches Nervenbündel, mein

armer alter Angsthase dreht den Hahn voll auf: Was ich dir noch sagen wollte . . . (so fing ein Schlager an), alles so lange her, aber bitte, ich will dir nichts an den Arsch palavern. Zugegeben, sie sind etwas durchgescheuert, meine Pointen. Hast du gesehen, wie Kesch das macht, wenn er Kopeken dem Publikum angeblich aus Nasen und Ohren holt? In seinem Blechzylinder ist innen an einer Seite die Kassette voll Hartgeld angelötet. Er hält den Hut so, daß er mit zwei Fingern mühelos die Sperre drücken kann, und schon scheppert das Geld in dem Oscar-Meyer-Blech-Zylinder, dazu braucht er nicht seinen lachhaften Zauberstab.

– Jetzt halt mal die Luft an, ja? Was ist denn los mit dir?

– Unser Lied hieß „Abends in der Taverne", aber die Oberschwester im Kriegslazarett Brjansk sang: „Es geht alles vorüber, es geht alles vorbei, auch Adolf Hitler und seine Partei", und was soll ich dir sagen, kein Mensch hat ihr das verboten, kein Arzt und kein Feldwebel. Nichtmal die Verwundeten von der Waffen-SS haben sich darüber aufgeregt.

Jetzt fing er doch tatsächlich noch zu grölen an. P. L. hielt ihm den Mund zu: Wenn du nicht gleich stille bist!

– Ja doch, bin ja schon. Wo sind wir denn überhaupt?

– Komm doch zu dir!

Fängt bei dem der Lagerkoller so an? denkt P. L. Das kann ja heiter werden.

Von nun an war er nicht mehr zu halten, mein alter Stubenhocker, dieses sonst so notorische Sitzfleisch.

Als es nach Lgow gehen sollte, hatte er mit dem Gedanken gespielt, sich krank zu melden, um im Lager bleiben zu können. Im Herbst des folgenden Jahres war er gleich Feuer und Flamme für ein Gastspiel bei dem Außenkommando in Iwanowskoje. Über Wologda fuhren sie, an die zweihundert Kilometer weit. Großes Abenteuer: die Bahnfahrt. Seit einer Ewigkeit war man nicht mehr auf den Schienen gewesen, schon gar nicht in einem Personenzug. Die breiten, klobigen Wagen der russischen Holzklasse haben über den Sitzen herunterklappbare Pritschen statt der Gepäcknetze. Das ist praktisch zum Schlafen bei den oft riesigen Strecken. Ein klarer Herbsttag, große, flache Landschaft unter einem Himmel aus Lapislazuli. Ostermann war wie berauscht. Kesch und William kümmerten sich nicht darum, spielten Karten. Es störte sie nicht, wenn sie durch Wälder fuhren und Baumschatten minutenlang die besonnten Abteile schraffierten. Später nahm der smarte P. L. den Klotz William auf den Schoß und spielte Kesch und Charly: „Sag doch den Herrschaften, wie du heißt. Wie alt bist du eigentlich? Was hast du denn da für eine schöne Blume?" William ließ in seinem roten Gesicht die Kulleraugen rollen und gab quäkend Antwort. Wer zuhörte, schrie vor Lachen, nur Herr Kesch brummte: „Hört doch mit dem Blödsinn auf!" In Wologda wurde umgestiegen. Die Nebenbahn hielt nicht an den kleinen Stationen, auch nicht an sogenannten Haltepunkten. Iwanowskoje hatte weder dies noch das. Zwei Kilometer von dem Ort entfernt fuhr der Zug etwas langsamer, wer aussteigen wollte, mußte im richtigen Augenblick abspringen. Das machten sonst zwei, drei Leute, jetzt kamen noch etwa fünfzehn von der Kulturgruppe dazu. Man mußte sich beeilen. Es tropften Menschen samt Gepäck auf eine Aufschüttung, die als Perron diente. Schöne Gegend mit welligen, weithin übersehbaren Laubwäldern, aus denen ein Zwiebelturm und die weiße Front eines ehemaligen Herrenhauses ragten.

In Iwanowskoje bewohnte ein kleines, armseliges Außenkommando die Kirche. Auf dreistöckigen Gestellen aus Birkenholz lagen die Gefangenen, die obersten knapp unter der wölbigen Decke. Die schlechte Verpflegung konnte jetzt, zur Zeit der Kartoffelernte, aufgebessert werden, hauptsächlich durch einen Trick, den die Deutschen den russischen Bauern und Landarbeitern, genauer den Bäuerinnen und Landarbeiterinnen, abgeschaut hatten. Sie begingen zweimal das Feld, morgens in der Richtung von ihrer Unterkunft aus, da ernteten sie offiziell, also nur oberflächlich, eine Menge blieb noch im Acker. Nach dieser Methode wurde eine große Fläche in erstaunlicher Zeit geschafft; leicht über der Norm mußten die Leistungen liegen, bei denen etwas heraussprang für die Arbeitsbrigaden: Brot und Zucker zusätzlich. Bei erschwerten Bedingungen, zum Beispiel wenn es regnete, hätte ihnen der Prozenteschreiber gern noch ein paar Zahlen dazugerechnet, aber das lehnten sie leidenschaftlich ab. Es gab meist langes Palaver darum, und sie setzten sich immer durch. Denn hätten sie ständig oder auch bloß öfter mal mehr als zwanzig Prozent eingebracht, über der Norm, so wäre diese von den Betriebsführern bald rigoros erhöht worden. Lieber arbeitete man offiziell weniger, riskierte auch mal die Nichterfüllung des Solls und erntete abends auf dem Rückweg, wenn es dämmerte, am besten, wenn es schon dunkel war, noch einmal die Felder ab, und zwar richtig, nämlich in die eigene Tasche. Ein Affentheater!

Auch die Künstler zehrten von dieser Methode. Weil alle satt wurden, kam der Übermut. Jemand hatte behauptet, man könne Darmgase sichtbar machen, indem man sie anzünde. Der Bassist, ein riesiger vierschrötiger Rumänien-Deutscher, der neben seiner Tätigkeit als Sänger im Stammlager auch als Küchengehilfe beschäftigt war, bot sich als Medium an. Abends, als sie im Stroh der Bauernstube rings an den Wänden lagen, bog der Bassist den Hintern über den Kopf. Neben ihm kniete ein Kollege vom kleinen Chor als Feuerwerker mit den Streichhölzern. Der Bassist meldete den richtigen Augenblick, der Feuerwerker hielt ein brennendes Streichholz dem Bassisten an die weiße Drillichhose, und eine blaue Stichflamme war für den Bruchteil einer Sekunde in dem dunklen Raum.

Eigentlich sollte hier nur mit „Maske in Blau" gastiert werden, nicht mit der ganzen Operette, nur mit einzelnen Gesang- und Tanznummern. Auf Wunsch bot man dann auch Kammermusik. Das Wetter war schön, man konnte noch im Freien üben. Das Quartett hatte seine hölzernen, von Stellmachern gebauten Notenständer vor die Haustür gesetzt und spielte Mozart. Ein alter Mann und ein kleiner Junge blieben auf der Dorfstraße wie verzaubert stehen. Später unterhielt sich P. L. mit dem Alten. Der Alte sagte, er habe geglaubt, die Engel im Himmel musizieren zu hören. So etwas sei ihm in seinem ganzen Leben noch nicht vorgekommen. Er und der kleine Junge waren zu der Zeit die einzigen männlichen Bewohner des – allerdings nicht großen – Ortes. Alle anderen hatten den Krieg nicht überlebt.

Die Darbietungen der Kulturgruppe wurden umfangreicher und anspruchsvoller, als man es vorgesehen hatte. In der Unterkunft des Außenkommandos, also in der alten Dorfkirche, gab der Zahntrawler mit den Solisten des Kammerchors ein Konzert. Das Publikum lag auf den dreistöckigen Pritschen, der Chor stand im Gewölbe der Apsis und sang zuerst alte Liebeslieder in neuen, inbrünstigen Sätzen: „Du mein einzig Licht", „O du schöner Rosengarten". Dann führte der Zahntrawler seine neueste Komposition auf, eine polyphone Motette zu acht Stimmen nach dem Text von Jesaja Kapitel 9 Vers 1: „Das Volk, so im Finstern wandelt, siehet ein großes Licht, und über die da wohnen im finstern Lande, scheinet es hell."

Auf den Pritschen war kein Laut zu hören. Plötzlich ist Bewegung im Dunkel des Eingangs am anderen Ende der Kirche. Mit seinen Begleitern den Mittelgang herauf bolzt Kommandant Garderow, ein barscher Riese, mit langen, zurückschlagenden Mantelschößen und ausgreifenden, aber wegen der weichen Ziehharmonikastiefel nicht knallenden Schritten. Der Zahntrawler unterbricht das Konzert, dreht sich zum Kirchenschiff um. Garderow kommt näher und näher, bleibt vor dem Dirigenten stehen, bellt ihn mit kehligem Organ an. Der Dolmetscher übersetzt: „Was machen Sie da? Sie singen Choräle, das ist verboten. Ich werde Sie dafür bestrafen!"

Gottesdienste an hohen Feiertagen und religiöse Vorträge konnten im Hauptlager genehmigt werden.

Es gab sogar eine Pfarrerstube, nicht für jeden Theologen, aber für solche, die in der Wehrmacht den Rang eines Divisionsgeistlichen gehabt hatten. Als Ersatz für Abendmahlswein verdünnte man Wodka mit Wasser. Brot für die Kommunion backten sie in der Küche, indem sie einen Teig aus Hafermehl über die heiße Herdplatte gossen. Aber die Kulturgruppe sollte mit all dem nichts zu tun haben. Sie galt bei den Sowjets offensichtlich als Avantgarde der kommunistischen Umschulung ihrer faschistischen oder faschistisch verführten Kameraden. Ihre Aufgabe war ebenso wie die der sogenannten Politbetreuer Agitprop, Agitationspropaganda. Oberinstruktor Lew Schneider hatte noch nicht gemerkt, konnte noch nicht gemerkt haben (weil da nichts zu merken war), daß Intendant Ostermann sich in dieser Hinsicht besonders hervorgetan hätte. Deshalb waren Schneider und seine Mitarbeiter so mißtrauisch. Vor allem mein politisch so gleichgültiger Chefideologe von Vater saß da in der Klemme.

Iwanowskoje, das heißt Johannesdorf. Johannes der Täufer oder Johannes der Evangelist? Das wußte der Zahntrawler nicht, es interessierte ihn auch nicht, er war gänzlich unkirchlich. Den Jesaja-Text verstand er nicht religiös, sondern nationalistisch, immer noch.

Garderow als Bolschewik war wohl ehrlich überzeugt von seiner Doktrin. Erfüllte ihn, was seine, die rote Heilsbotschaft betrifft, mehr der Eifer des Täufers oder das Leuchtfeuer des Lieblingsjüngers? Es waren gewiß der Eifer und die Strenge des Täufers, die ihn hier in Wallung brachten, wenn nicht in christlicher, so doch auch in scharf orthodoxer Weise. Und die Zartheit, die Duldsamkeit, die Weite des anderen Johannes? Vielleicht hat er auch davon etwas gespürt, als Russe, also als Mensch besonders großer Gegensätze. Natürlich hätte er es niemals zugegeben, nicht einmal sich selber.

Nach diesem Auftritt, während der Zahntrawler mit seinen Solisten in die Unterkunft hinüberging, dachte er nach. Daß er meinen Alten in eine dumme Lage gebracht hatte, war ihm nicht recht. Der Gedanke, Garderow könnte ihn, den Musikchef der Truppe, in Tschachino melden, beruhigte ihn nicht gerade. Aber Angst hatte er keine, oder er hatte sie nicht mehr. Er wunderte sich darüber. Auch bei ihm war das nicht selbstverständlich, nein, keineswegs.

Kalabossa hieß in Tschachino der kalte Erdbunker, in den bestrafte Gefangene mit einer Decke und dem Kochgeschirr einrücken mußten. Es ist ein spanisches Wort, weil Spanier dort die Aufsicht führten. Drei oder vier Spanier gab es im Lager. Sie waren im Bürgerkrieg von den Franco-Anhängern gefangen, dann aber – nachdem sie versprochen hatten, in der faschistischen Blauen Division an der Ostfront gegen die Bolschewisten zu kämpfen – freigelassen worden. Beim ersten Kampfeinsatz liefen sie zu ihren Gesinnungsgenossen über, aber nach leninscher und erst recht stalinscher Devise („Es ist besser, tausend Unschuldige sitzen hinter Stacheldraht, als daß ein einziger Schuldiger frei herumläuft") kamen sie gleich in Gefangenenlager und wurden dort, wenn auch mit gewissen Privilegien, belassen. Der Kalabos war nicht der einzige Erdbunker im Stammlager. Es gab noch einen zweiten, in dem ein junger begeisterter Chirurg als Pathologe wirkte, Student noch, obwohl an die vierzig Ärzte aller Grade und Fachrichtungen zur Verfügung standen. Ostermann als ehemaliger Gebrauchswerber hatte ja auch, ohne studiert zu haben, auf Wunsch eines richtigen Professors in der sogenannten Lagerhochschule über Mode doziert.

Ein Strafantrag aus Iwanowskoje erfolgte nicht.

In das Lager kamen, von Rotarmisten eskortiert, dreißig polnische Offiziere ohne Rangabzeichen, außerdem zwei Frauen, eine ältere, vielleicht Mitte Vierzig, und ihre siebzehnjährige Tochter, Nationalpolen, wie man bald hörte. Sie hatten sich nach dem Einmarsch der Russen in Warschau gegen den Kommunismus gewehrt. Jetzt waren sie schon an die drei Jahre in russischer Gefangenschaft, wie die meisten Deutschen. Die ältere Frau, eine polnische Gräfin, stammte aus Leipzig. Es hieß, sie sei in erster Ehe mit dem Adjutanten des weißrussischen Admirals Koltschak verheiratet gewesen. Ihr zweiter Mann, Graf Potocki, eine kleine, drahtige, leicht krummbeinige Reiterfigur, war in Tschachino nur zufällig wieder einmal mit seiner Familie zusammen. Die Situation wechselte. Manchmal wurde der Vater von Mutter und Tochter ein Jahr lang getrennt, die Gründe dafür blieben wie fast alle solche Maßnahmen hier undurchschaubar. Gräfin Potocka war während des Krieges Gefangene der SS gewesen, hatte mit einer Zahnbürste Fliesen schrubben müssen und war von einem KZ ins andere geschleppt worden. Sie sei eigentlich Sängerin, sagte sie. Ostermann konnte sie für einen Auftritt gewinnen. Sie zeigte ihm ein wunderbares stahlblaues Abendkleid aus echter Seide, eine Erinnnerung an das bessere Leben, davon mochte sie sich nicht trennen. Dieses Kleid wurde die Hauptattraktion des nächsten Bolschoi Concert, mein schrulliger Frackträger strengte sich nicht wenig an, es in das rechte Licht zu rücken. Wie oft hatte er Janines billige Fähnchen mit sprachlichem Zauber bedacht, hatte sich das Publikum mit Aufguß begnügen müssen, mit Talmi, mit dem großen Als-ob. Und nun endlich ein Original, wer hätte hier damit gerechnet! Der Conférencier erinnerte an die Lichtreklamen im Vorkriegs-Berlin: ,,Und abends in die Scala" hatte die illuminierte Balkenschrift gelautet. Ostermann und Claquenchef Kesch wußten nicht, daß die Scala zerbombt war und nicht mehr aufgebaut werden würde. Erinnerungen an große Kino-Abende wurden lebendig. Berühmte Darstellerinnen in fabelhafter Garderobe ließ mein leidenschaftlicher Film-Genießer Revue passieren, Bilder, die noch viele kannten: Käthe von Nagy in ,,Ronny" und Liane Haid im Tête-à-tête mit Gustav Fröhlich, Brigitte Helm in ,,Gold" und Gitta Alpar als ,,Die oder keine". Wie oft hatte man Renate Müller auf der Leinwand in eleganter Aufmachung gesehen, und dann wurde man zufällig Zeuge, wie sie eines sonnigen Sonntagnachmittags von Sanitätern aus ihrem Dahlemer Haus getragen wurde: Flucht in den Selbstmord. Hilde von Stolz war wieder da, in ,,Maskerade", und natürlich Paula Wessely. Während Ostermann noch sprach, setzte die Combo ein, leise, scharf akzentuiert und berauschend, die Art nachahmend, in der Teddy Staufer so etwas geboten hatte und Werner Eisbrenner und viele andere. Schräge Musik, sagte man damals.

Frau Potocka sang mittelmäßig, sicher hatte ihre Stimme in all den Jahren gelitten, ein Wunder wäre es nicht gewesen. Sie war auch nicht besonders schön, entsprach also nicht dem Ideal jener Polinnen, die Millöckers Bettelstudent so glanzvoll besingt. Schließlich kam sie ja auch wie Oberst Ollendorf aus Sachsen. Ihr Debüt in Tschachino war der reine Kitsch des kreolischen Wiegenliedes. Höchst seltsam bot sie den Text dar. P. L., ein deftiger Parodist, parodierte das später dem Ostermann in die Ohren, ob er es hören wollte oder nicht. Auch bei mir hielt er sich nicht zurück, als er mir – Gernot – davon erzählte. Es klang ungefähr so: „Schluf uin, schluf uin, muin Guldengeluin, duin Vuter ist ju so wuit furt." Dein Vater ist ja so weit fort: mit welchem Gefühl mein helldunkler Erzeuger so etwas hatte über sich müssen ergehen lassen, das wüßte ich gern.

13

Ostermann träumte unruhig, träumte von Hauptmann Garderow. Darauf darf man nicht hereinfallen, daß dieser Kosak im Traum ganz zutraulich sagt: „Na los, gib'n Schluck!" Wie kommt er dazu, und wo sind wir hier eigentlich? Eine bestimmte Sorte ratternder Finsternis. Enges Zusammensitzen im Führerhaus eines Lkws. Nach dem rauhen Geräusch des Motors und dem Gestank des Treibstoffes zu urteilen, ist das eine der üblichen dunkelgrünen Molotowas mit dem kurzen Kühler. Rechts sitzt der Chauffeur, in der Mitte der Hauptmann und links mein Heldenvater. Mit dem Knie könnte er den Drücker der Tür betätigen, wenn sie nicht zugeschlossen ist. Er tastet hin – na bitte, sie ist offen. Der Kasten rappelt, als wäre seit einer Ewigkeit keine Schraube mehr angezogen worden. Vielleicht ist das gar keine Molotowa, sondern einer dieser klapprigen Spaßvögel, in denen manchmal angetrunkene Haudegen, Tellermütze am Hinterkopf, die steile Straße zum Hafen von Bogorodizk hinunterjachtern.

– Her mit der Feldflasche, sagte Garderow, und im Traum versteht ihn mein Alter. Wieso Feldflasche? Schnapsflasche hätte Ostermann erwartet, Bierflasche. Aber Feldflasche? Er greift hinter sich, aufs Geratewohl, und kriegt sie wirklich zu fassen, spürt den Filzbezug und den harten Aluminiumkörper. Irgendwo ist sie eingehängt, er klickt den Karabinerhaken aus, schraubt den Verschluß ab und bietet sie dem bärbeißigen Hetman an, selbst höchst ungewiß, was er ihm da präsentiert. Garderow packt die Flasche, setzt sie an und trinkt und trinkt und hört nicht auf zu trinken. Dann gibt er sie ihm zurück, wischt sich mit dem Handrücken über Mund und Kinn. Er zieht den Mantelärmel über die Hand, reibt damit die Revers ab, hat eine Menge verschüttet, aus lauter Gier. Na, wie hat das geschmeckt?

Die Scheinwerfer sind altersschwach oder zu stark abgeblendet, den Chauffeur kümmert's nicht, er gibt Gas, immer durch metertiefe Schlaglöcher, Bogorodizker Avus nennt P. L. diese Rennstrecke. Verstohlen prüft Ostermann, was er da dem Nachtmahr in der Uniform der Roten Armee angeboten hat, er schluckt, läßt auf der Zunge zergehen – da ist er wieder, der wilde, der bittere Geschmack eines Wacholdertees, wie sie ihn nur in den Waldlagern brauen, wenn sie ganze

Stauden samt Beeren und Zweigen in ihre großen, außen schwarzgeräucherten Hordentöpfe stopfen. P. L., der Gernot diesen Ostermannschen Traum erzählt, wie er ihn von dem Träumer selbst gehört hat, kennt den Geschmack natürlich auch, von Lgow her. Er behauptet, er wisse, wie die Freiheit schmeckt: genau wie dieser Tee.

Garderow, in geträumter Gestalt vielleicht noch schlimmer als in Wirklichkeit, läßt meinen Alten mit den Zähnen klappern. Warum denn? Kein Grund zur Aufregung. Der Kerl zieht eine Kasbek heraus, knifft das Papiermundstück zusammen und steckt es zwischen die Lippen. Paß auf, gleich will er Feuer! Wie in Trickfilmen, wo man das Grinsen des Ungeheuers nicht richtig deuten kann (ist es Verstellung? Ist es böse oder freundlich gemeint?), so verhält sich der Kapitän mit den goldenen (im Augenblick wegen der Finsternis noch unsichtbaren) Plättbrettern von Schulterstücken. Hat der Tee eine Wirkung, die seinem Charakter genau entgegengesetzt ist? Macht er mild, der wilde? Garderow präsentiert Ostermann die Schachtel, jene längliche Packung mit dem Bild des beschneiten Kaukasusberges, Behältnis der Sonderklasse einer Papyrossi, des Rauchwerks für die feinere sowjetische Welt. Mein verängstigter Teilnehmer kann es erkennen, als er ein Streichholz anzündet. Ja, dieser Garderow, dieser strenge Befehlshaber von Spürhunden, unerbittlicher Verfolger von echten und vorgetäuschten Alarmfällen diesseits und jenseits der Tichwinka, gefürchtet bei Zählappellen, Verhören und Kontrollen aller Art, dieser schreckliche Iwan von Iwanowskoje! Jetzt sitzt er zwischen einem Angsthasen ausgesuchten Kalibers und dem undurchschaubaren Chauffeur, trinkt den Tee des Gefangenen, und der Gefangene raucht seine Kasbek. Kaum hat Ostermann die ersten Züge getan, da reißt vor dem Wagen etwas auf, ein schwarzer Vorhang geht auseinander: die Nacht, oder was das ist, sinkt in sich zusammen, wie Angst abfällt vom Baum unserer Zwangsvorstellungen. Sie fahren durch einen plötzlichen Morgen mit Birken und Holzhäusern, biegen in eine Vorstadtstraße, hohes Unkraut wuchert an den Zäunen und erstreckt sich bis unter die Laufplanken der Gehsteige. Das Gelände wird abschüssig, zwischen Eichen in einem verwilderten Garten am Abhang sieht man unten den Fluß in seiner ganzen Breite. Ein großes Schiff, der dreistöckige Raddampfer KOMMUNIST kommt aus dem Hafen und biegt in die Fahrrinne. Gerade unterhalb des Gartens ist am Ufer der Holzplatz des Sägewerks von Warnawizy. Da hat Ostermann Stämme aus dem Wasser gezogen. Man riecht schon das feuchte Holz, den Mulm, das Mehl der vermodernden Gleitschienen, auf denen die verstümmelten Bäume ans Ufer gezogen werden.

Der Motor tobt, aber da ist noch ein anderer, ganz ähnlicher Lärm hinter oder über ihnen. Ostermann dreht sich um und sieht durch das Rückfenster einen Haudegen in seinem klapprigen Spaßvogel, wie er zum Überholen ansetzt. Dieser tellermützige Berserker! Er zieht vor und läßt seinen Stutzlaster auf gleicher Höhe neben ihrem Lkw dahinklappern, Trittbrett an Trittbrett. Mein Spökenkieker hat plötzlich keine Angst mehr. Er schwebt nicht ohne Genuß in dieser Molotowa wie in einem Doppeldecker über der halben Stadt. Da ist die Anlegestelle, von der aus sie nach Lgow geschippert sind, zwei Hausboote, doppelstöckig und mit verschnörkelter Galerie, sie schwanken noch ganz leicht auf den Wellen, die der ablegende KOMMUNIST ihnen nachschickt. Aus der Gegenrichtung kommt der FÜNFJAHRESPLAN. Passagiere füllen den Landungssteg, Frauen mit verwaschenen Kopftüchern, Männer in dunkelblauen oder senffarbenen oder erdbraunen Schirmmützen.

Der Kerl nebenan in dem Stutzlaster ist ein Schelm. Er zwinkert mit den Augen; weil er aber schielt, weiß man nicht, auf wen er es abgesehen hat. Sein Fahrzeug ähnelt einer Ente ohne Schwanzfedern. An den Vorderrädern fehlen witzigerweise die Kotflügel. Garderows Gesicht wird blaß vor Entschlossenheit. Er ist es, den der Tellermützige angrinst, dabei zeigt er seine schlechten Zähne und ein paar stahlfarbene Metallkronen. Seine Papyrossi ist erloschen und klebt an der Unterlippe. Blitzartig ist Garderow hoch, schiebt sich trotz seiner Länge geschickt an die Seite und hat schon den Türgriff in der Hand. Der Kerl in der Klamotte bremst auf die ulkigste Weise von der Welt, er öffnet die Tür neben sich, streckt ein sehr langes Bein heraus und setzt den Fuß auf eines der beiden Räder, denen die Kotflügel fehlen. Auf diese Weise verliert er zwar nicht allzuviel Fahrt, aber er hält seine Maschine immerhin so, daß Garderow ohne große Mühe umsteigen kann. Der Hallodri zieht das Bein zurück, schlägt seine verbeulte Klappe zu und zischt ab nach unten, zur Stadt, wo er über die Buckelsteine des Hafenvorplatzes verschwindet. Ostermann sieht ihn halluzinatorisch über den halben Kontinent rasen. Der Tee hat den verbissenen Politruk in einen lässigen Globetrotter verwandelt. Mit seinem freiheitslüsternen Piloten umfährt er alle Grenzkontrollen, kommt durch einen Wald bei Bialystok und über Ostrolenka an die Weichsel, läßt den Spaßvogel die Schwingen ausbreiten und fliegt über Bromberg nach Berlin. Am Potsdamer Platz, dieser Alpdrucklandschaft mit dem abgeräumten Horizont, setzen sie auf, auf westlichem Boden, und rollen winkend, jetzt ohne Hast, die Potsdamer-, die Haupt-, die Rheinstraße hinauf, geradewegs ins Herz von Friedenau.

Ostermanns Fuhre versucht, hinterherzurattern. Die Masse der Passagiere ist schon an Bord, so daß der halbe FÜNFJAHRESPLAN die unerwartete Raserei genießt.

Sie donnern davon und lassen die Stadt hinter sich. Der Motor spuckt, was er kann, aber bald geht es nicht mehr vorwärts. Die Räder mahlen, als mahlten sie Mulm oder Sand. Sie kommen weder durch die Parachiner Büsche noch durch den Sindejewschen Wald. Typen treten aus den Bruchbuden zwischen Wald und Fluß, Trischka aus der Lumpenmühle, der einäugige Tarakanow aus der Papierfabrik von Warnawizy. Aus einer Giebelluke droht Lew Schneider. Der Arztmajor sitzt mit einer leeren Flasche Wodka auf einer Gleitschiene und weint. Auf der anderen Seite der Tichwinka steht eine Frau und wartet vergebens auf die Fähre. Es ist Natalja Iwanowna Schlosser. Ostermann steigt traurig aus und geht zur Stadt zurück. Oberhalb des Steilhangs steht Lenin gipsern in seinem Rondell. Mein armer Melancholiker klettert den Serpentinenweg zu ihm hinauf. Jedesmal, wenn er die Statue in den Blick bekommt, zeigt sie in eine andere Richtung.

14

Lew Schneider ließ meinen Alten ein paarmal in sein Büro kommen. Eine Pferdedecke lag über dem rohhölzernen Schreibtisch, und wenn er neue Tinte brauchte, mußte er violette Trockenfarbe in Wasser auflösen. Er fragte ihn höhnisch, ob er meine, die Kulturgruppe sei nur zum Tingeln da, und ob er schon mal über Agitprop nachgedacht habe. Mein Alter, maulfaul wie üblich, berief sich brummig darauf, daß es schwer sei, brauchbares Material zu besorgen. Material genug, belehrte ihn Schneider stotternd. Jeden Monat komme aus Moskau die Gefangenenzeitung, darin sei ein ganzes politisches Theaterstück abgedruckt, ,,Die Brüder Kusmin", sehr geeignet, aufgeführt zu werden.

– Wenn du die ,,Brüder Kusmin" spielst, sind wir geschiedene Leute, sagte P. L. So ähnlich äußerten sich auch andere Mitglieder des Ensembles. Ostermann sah sie groß an. Was war denn auf einmal los? Wer waren eigentlich diese Brüder, über die sich alle so aufregten? P. L. besorgte ihm ein Exemplar und ließ ihn lesen. Ein schwaches Propagandastück, das an der Grenze zwischen der östlichen und den westlichen Besatzungszonen Deutschlands spielte, den Osten auf billige Weise herausstrich und den Westen ebenso billig heruntermachte. Wenn es nicht so schlecht gewesen wäre, hätte mein Alter vielleicht nicht einmal viel einzuwenden gehabt. Aber schön, sollten sie ihren Willen haben. Er würde es also nicht spielen.

Sie fuhren wieder als Konvois mit ihren Kommandos vom Lager durch die Stadt und nachmittags von den Baustellen zurück ins Lager. Dabei kamen sie zweimal am Tag über den großen Prospekt, die „Bogorodizker Avus" mit den vielen Schlaglöchern und den Katzenkopfsteinen. Die russischen Lkw-Fahrer waren meist angetrunken. Mit ihrer Ladung Menschen auf den Lastern fuhren sie auf gleicher Höhe, Kühler neben Kühler, um die Wette. Die Landser schlugen mit den Fäusten im Takt auf die Blechdächer der Führerhäuschen und schrien „Gasu! Gasu!" Am Nachmittag dasselbe Theater, nur noch gefährlicher, denn jetzt war der Prospekt voller Bogorodizker, die von der Arbeit kamen. Irrsinnige Raserei. Irgendwo hing in all den Jahren ein Telefondraht tief über die Fahrbahn, der wurde nie straff gezogen. Da mußte man aufpassen, wenn man auf dem Lkw stand, daß man nicht stranguliert wurde.

P. L. dachte ans Wiederverheiraten. Er redete darüber mit Ostermann stundenlang, im Lager und neben der Baustelle, stellte ihm im Geist ein paar Damen vor, die in Frage kommen könnten. Er tat so, als wären sie mit dem Taxi oder mindestens telefonisch erreichbar und als könnte die Entscheidung nicht mehr lange hinausgeschoben werden. Ostermann sollte sagen, welche. Ausgerechnet dieser perfekte Frauenkenner!

– Rede mit niemand darüber, sagte P. L., auch nicht mit William oder Janine.

Da konnte er sich auf meinen alten, nicht alten Muffel verlassen. Am besten ließ es sich spät abends erzählen in der sogenannten Intendanz, dem kleinen Raum neben der Bühne in Küche 2, wo sie beide in ihrer letzten Zeit wohnten. P. L. hatte mit Hilfe seiner Beziehungen zu allen Handwerkerbrigaden aus dem Kabuff eine hübsche Tiroler Stube gemacht. Die Schlafpritsche zog sich unter der Decke hin auf einer zweiten, die er über dem viereckigen, neu geschreinerten Bauerntisch hatte einziehen lassen. Sie reichte nur bis einen Meter vor den Lehmofen. Sogar ein Drahtfunkgerät gab es in der Bude. Spätestens wenn vom Spaßki-Turm am Kreml in Moskau die Uhr zwölf schlug und die Hymne begann, schlief P. L. ein. Ostermann lauschte auch nachher noch eine Weile. Er wollte das leise Klingen hören, das vom Ofen her kam. Dieser Ofen war genauso hoch wie die Pritsche, man hätte hinüberlangen können. Da oben lag eine Pfanne, in der P. L. für besondere Tage Kuchen backte, aus Hafer, den Ostermann mit einer dicken Porzellantasse zu Mehl gewalzt hatte. Als Treibmittel kaufte P. L. bei seinen Stadtgängen Natron in der Apotheke, deren Chefin, einer großen Schönheit, er zum Gaudium anderer Kundinnen auf russisch heftig den Hof machte. Die eiserne Pfanne lag ohne Griff umgekehrt auf dem Ofen, so daß sie, nur auf die Halterung und den Rand gestützt, leicht beweglich war. Nachts schaukelte da eine Maus, das ergab den leisen, feinen Ton, den sie sich lange nicht hatten erklären können. Sie hielten also Mäuse in dem Abteil. P. L. lieh sich von der Wäscherei die Katze und ließ sie ein paarmal auf der Ofenbank übernachten. Das genügte. Die Mäuse verzogen sich, und Per gab die Katze zurück. Für andere Zwecke brauchte er sie nicht. Die großen Hungerzeiten schienen fürs erste überstanden zu sein.

Im Hafen hatte er den deutschen Motorkahn Saßnitz entdeckt, ein ganz neues Modell, die Sowjets mußten es direkt von der Werft requiriert haben. Den führte jetzt ein Graubart von Steuermann, der als blutjunger

Soldat im russischen Japan-Krieg am Yalu gekämpft hatte. Für die Generation der Lenzen und Ostermann war das eine Ewigkeit her. Ihr militärisches Geschichtsbewußtsein reichte höchstens bis zur Schlacht bei Tannenberg, an der einer der Tschachinoer Deschurnis (Offiziere vom Tagesdienst), genannt „der Eisgraue", noch teilgenommen hatte. Als er sie einmal im Winter mit ihrem Kommando am Lagertor warten und frieren ließ und dann endlich heranstapfte, aber recht phlegmatisch, knurrte meine negative Betriebskanone: „Der ist bei Tannenberg schon mal anders gelaufen!" und erzeugte damit Gelächter bei den anderen Eiszapfen, trotz der beschissenen Situation.

– Die Saßnitz, erzählte P. L., hat eine Kombüse zum Verlieben. Vielleicht meinte er nicht so sehr die Kombüse, sondern Nadjeschda, die Tochter des Steuermanns, eine Königin aus dem Kaukasus, wenn es das gibt. Von jetzt an war er jeden Tag auf dem Wunder von einem Motorkahn. Vater und Tochter zeigten ihm ein Fläschchen mit einem Etikett, darauf stand SIDOL. Was ist das?

– Was das ist? Das werde ich euch gleich zeigen, Kinder. Holt mal einen Putzlappen!

Er ließ ein paar Tropfen auf den Lappen fallen von diesem berühmten Mittel, das für ihn eine Quelle der Erinnerungen war. Den Herdrand und alles sonstige helle Metall und alle Verchromungen brachte er auf Hochglanz. Der Steuermann und seine Nadjeschda waren hingerissen. Sie benahmen sich wie Kinder oder ungefähr so wie das Publikum, mindestens das russische, wenn Kesch zauberte.

P. L. sprach nicht mehr von Bräuten, fragte Ostermann nicht mehr nach seiner Meinung zu diesem Thema. Er hatte sich in Nadjeschda verliebt. Phantastische Pläne gingen ihm durch seinen sonst so nüchternen Kopf. Vielleicht gelänge es, mit Hilfe von Nadjeschdas Vater, aus der Gefangenschaft freizukommen und sowjetischer Staatsbürger zu werden. Dann würde er den Glanz des Ostens heiraten und mit der Unvergleichlichen und ihrem Vater die Flüsse entlangfahren. Im Winter würde er die Steuermannsschule besuchen, eines Tages den Alten ablösen und später mal Chef einer ganzen Flotte von Motorkähnen werden – also die verrücktesten Ideen. Er sah sich bereits entlassen und gab Anweisungen, was mit seinen Sachen geschehen solle, zum Beispiel mit dem Mobiliar der Tirolerstube. Er schlug vor, wen Ostermann an seiner Stelle als Mitbewohner hineinnehmen könnte, und legte ihm die Sorge um die Holzvorräte unter der Bühne ans Herz. Bald darauf, als er wieder wie gewohnt seinen Posten als Konvoi verließ und zum Kai hinunterstieg, war die Saßnitz nicht mehr dort. Der alte Steuermann und seine Tochter hatten abgelegt und waren weitergezogen.

P. L. ließ sich nichts anmerken. Er erwähnte Nadjeschda nie mehr, suchte sich von dem Erlebnis abzulenken.

– Ostermann, sagte er, untersteh dich, die ,,Brüder Kusmin" zu spielen. Alles, nur das nicht.

– Laß mich doch mit den Brüdern Kusmin zufrieden.

Ostermann blieb stur, obwohl der Anheizer drängte. Lew Schneider berief die Spitzen der Kulturleute, sämtliche Politbetreuer (in jedem Bataillon gab es einen, so eine Art Kommissar) und allerhand graue Eminenzen oder besser zwielichtiges Gesindel zu einem Meeting in den Kleinen Saal. Am Abend vorher erschien ein Teil des Ensembles bei Ostermann in der Tirolerbude. Alle sagten, sie würden sich weigern, in dem Stück ,,Die Brüder Kusmin" eine Rolle zu übernehmen. Den Chef der Kulturgruppe schien das gar nicht aufzuregen, äußerlich war er die Ruhe selber, innerlich flatterte er nur so.

– Ich spiele die ,,Brüder Kusmin" nicht. Genügt euch das?

Sie machten ihm den Vorschlag, er solle sich morgen diesem sogenannten Meeting durch Krankmeldung entziehen, und schickten ihn gleich ins Lazarett hinüber. Zum Glück hatte gerade ein ihm gut bekannter Arzt Nachtdienst. Er ging mit Ostermann vor die Tür, es schien der Vollmond. Der Arzt erklärte ihm, was für eine Krankheit in Frage kommen könnte. Dann sagte er: ,,Warum wollen Sie das tun? Sie haben sich doch nichts vorzuwerfen. Gehen Sie zu dem Meeting und warten Sie ab, wie die Sache sich entwickelt."

Ostermann ging am nächsten Tag in den Kleinen Saal. Der Stotterer saß im Präsidium und blinzelte, wenn er zum Reden ansetzte, wie ein Chamäleon. Von den Kultur-Bumsköpfen war nur Per Lenzen bei meinem Alten. Schneider dagegen hatte eine stattliche Anzahl Kriecher um sich versammelt. Weitere waren geschickt im Auditorium verteilt, so ähnlich wie Kesch seligen Andenkens seine Claque in der Scala plaziert hatte. Von diesen Untertauchern ließ der Stotterer meinen Heldenvater konzentrisch angreifen. Er mischte sich, wie ein Truthahn kollernd, ein, verhaspelte sich, ließ

Argumente vermissen. Aber darauf kam es nicht an, das war alles reines Theater, es lief wie nach dem Textbuch, das Ergebnis lag schon fest.

P. L. staunte über Ostermann. Mein scharfer Spürhund biß zurück, sparte nicht mit Einwänden, aber wie sollte er einen überzeugen, der nicht überzeugt sein wollte! Daß es hier auf nichts weiter ankam, als meinen Alten abzuschießen, war P. L. längst klar. Er zählte die Typen im Auditorium, die als Nachfolger in Frage kämen, das heißt, die bereit sein würden, Lew Schneider als Apparatschik zu dienen. Sollen sie doch, dachte Ostermann. Er hatte sich ja nicht nach diesem Posten gedrängt, das hatte er nie getan in seinem Leben, von dem er nun bald ein Drittel in Kasernen, an der Front und in Lagern verbracht hatte.

Wie vermutet stellte sich heraus, daß dies kein Meeting, sondern eine Falle war, ein Schauprozeß, an dessen Ende Ostermann wegen Vernachlässigung seiner Agitprop-Pflichten nicht nur seines Amtes enthoben, sondern auch auf ein Außenkommando abgeschoben wurde. Vielleicht hätte ihn seine Gönnerin Natalja Iwanowna Schlosser wenigstens vor dem Abschieben bewahren können, aber sie kehrte nicht mehr zurück aus ihrem wirklichen oder angeblichen Urlaub. Ostermanns Nachfolger wurde ein willfähriger junger Schnösel von ehemaligem SS-Offizier. Einer vom Orden der Getreuen, aber vielleicht unterschied sich der neue Weg nicht allzusehr vom alten. Was ging es Ostermann an?

Einige Tage später brach mein unfreiwilliger Marschierer auf, nachdem er seinen horizontblauen, ausgeblichenen Luftwaffenrucksack mit Janines Hilfe gepackt hatte. Er war nie bei der Luftwaffe gewesen. Den Rucksack hatte er aus irgendwelchen Beständen, an die er beim Rückzug von der Oder herangekommen war. P. L. begleitete ihn bis zum Lagertor. Wohin geht es mit dem Friedenauer Zugvogel? Wieder nach Lgow? Oder nach Iwanowskoje? Oder in das verfluchte Sumpfkommado nach Tschaika, wo sie bis zum Umkippen Stämme aus dem Schlamm zogen? Aus Tschaika kam vor Monaten ein Veterinär, Freund Ostermanns aus dem Krieg, in das Hauptlager zurück, Haut und Knochen, früher ein Bär von Kerl. Ostermann war erschüttert, schämte sich vor ihm, zumal der ehemalige Pferdedoktor mehrmals sagte: ,,Ist schon in Ordnung, Heinz. Siehst ja, wir sind zurückgekommen. Du hättest es nicht überstanden. Mit den Karwenzmännern muß man sich nämlich auskennen, daß heißt ein bißchen geschickt sein. Eine Menge Kraft kann man sich sparen, wenn man die entsprechenden Kniffe kennt. Kennst du welche? Na bitte. Nein, nein, für dich wär' das nichts." Mit Ostermann ging ein Sergeant, einer der üblichen, die abwechselnd brutal oder gutmütig sein konnten, ohne Übergang und meist ohne ersichtlichen Grund.

P. L. distanzierte sich nach und nach von der Kultur der neuen Ära. Alles, was er im Lauf der Zeit dazugesteuert hatte, zog er langsam aus dem Verkehr, Decken, Jacken, Kostüme, die von der Schneiderbrigade auf seine Anweisung angefertigt worden waren, auch einzelne Stücke der Tirolerbude. Den viereckigen Bauerntisch und die Bank schenkte er Wjatka, einem der russischen Posten, mit dem er sich angefreundet hatte. Er wußte sein Zeug lieber bei den Russen als bei dem

Klüngel, der jetzt in der Gruppe den Ton angab. Sonst florierten seine Geschäfte. Stabsoffiziere, die das Lager nicht verlassen durften, übergaben ihm Dinge, die sie glaubten abstoßen zu können, damit er sie in der Stadt verkaufe. Er beriet mit ihnen den Preis, der vernünftigerweise zu erwarten war. Alles, was er darüber hinaus den Käufern abnehmen konnte, gehörte ihm, war das Honorar für sein Risiko. Auf diese Weise sparte er sich eine Summe, über die Ostermann gestaunt hätte. Per hatte noch immer die große Reise im Sinn, mit der er sich heimlich von Tschachino absetzen wollte. Dazu raffte er die Rubel zusammen. Den Herbst verbrachte er beim Schwellenkommando an der Bahn, schwere Arbeit, aber von einer Brigade drahtiger Kerle ausgeführt, lauter Typen, die nach seinem Sinn waren, eine Art verlorener Haufen, gut genährt, am Schwarzhandel groß beteiligt und immer unternehmungslustig. Die Nähe des Bahnhofs war für Pers Absichten nicht ungünstig. Im Winter gingen seine Fluchtgedanken noch einmal mit Heiratsabsichten zusammen. In Bogorodizk gab er einer Generalstochter Unterricht im Schlittschuhlauf. Ihr Vater ließ ihn, wenn es spät geworden war, in seinem Schlitten ins Lager nach Tschachino zurückbringen. Als Per sich das erstemal in die Pelze setzte, drehte sich der Generalskutscher nach ihm um, schüttelte den Kopf, stieg aus und ging ins Haus nachfragen, ob hier kein Irrtum vorläge. Nein, alles in Ordnung. Am Lagertor in Tschachino staunte der Deschurni-Offizier nicht schlecht, als ein Plenni sich aus den Decken und Pelzen des Generalsschlittens wickelte. Das ließ sich also ganz erträglich an, auch ohne Natalja Iwanowna Schlosser. Bloß mit der ehelichen

Verbindung hatte er sich geirrt, die kam für den Vater General natürlich nicht in Frage.

Im nächsten Frühjahr wollte sich Per allen Ernstes nach Leningrad begeben, die nötigen Papiere für unvorhergesehene Situationen hatte er sich besorgt. Er wollte den fahrplanmäßigen Zug aus Moskau benutzen, der in Bogorodizk zwei Minuten hielt, notfalls würde er auf der Achse eines Pullman-cars mitfahren, bildete er sich ein. Hatte er so was bei Jack London gelesen? In Leningrad würde er sich zu einer westlichen, womöglich der großbritannischen Botschaft durchschlagen, aber das alles erübrigte sich dann. Im Frühjahr wurde er entlassen.

15

Manchmal, wenn P. L. mir die Hucke voll geschwatzt hat und längst gegangen ist, sitze ich noch eine Weile, brüte vor mich hin und genehmige mir noch eine Cola. Whisky wäre mir lieber, aber den schenkt mir der Barkeeper ja nicht aus. Sonst ist er eine Nummer, die in die Welt paßt, wie Malvi es von ihrem Vater gesagt hat. Er sucht mich mit jeder Art Unsinn aufzuheitern.

Da war noch was während Per Lenzens Heimfahrt, nicht daß es meinen Alten direkt angegangen hätte, aber alles, was diese Odysseus-Nachfolger erlebten, ähnelte sich ja wohl. Zunächst ereignete sich der ungeheuerliche Witz, daß sie in ihren jetzt offenen, mit viel Stroh, wenn auch nicht genügend Heizmaterial ausgestatteten Viehwagen, reichlich verpflegt, eine Resolution unterschreiben mußten, in der sie sich bei dem großen Stalin bedankten für den Aufenthalt in der Sowjetunion. Keiner, der sich dem entzogen hätte. Warum auch? Don Quichottes waren nicht mehr unter ihnen. Die Ritter von der traurigen Gestalt hatten sich in lauter Sancho Pansas verwandelt. Der moderne Sancho hieß Schweyk, auch er war während der Hitlerjahre nicht ganz in Vergessenheit geraten, wenigstens nicht bei den Älteren. Schon bei Pers Ankunft vor dreieinhalb Jahren hatte ein Altgefangener ihm den Rat gegeben: „Unterschreiben kannst du hier alles. Du darfst damit rechnen, daß jedes Papier über kurz oder lang zum Zigarettendrehen verwendet wird." Schon möglich, nur hat er nicht gesagt, daß „lang" in diesem Land sehr oder allzu lang bedeuten konnte.

Als sie durch Moskwa Matuschka kamen, war es früher Abend, gerade am 7. November, dem 25. Oktober alter Zählung. Die große Revolution feierte Geburtstag. Der Kreml glänzte vor Licht. Sie hielten auf einem düsteren Güterbahnhof in einem Außenbezirk. P. L. stieg mit ein paar Mann aus und besorgte mehrere Eimer Kohlen von einer Halde, und zwar unter dem Schutz eines ihrer mitreisenden Posten, der aufpaßte, daß seine Landsleute den Raubzug nicht störten. Auf einer späteren Station lieh ein anderer Soldat P. L. seinen Infanteriespaten, damit er eine Tür, die er aus einem Rangiererhäuschen gehoben hatte, möglichst schnell zu Brennholz verarbeiten konnte. Pers Freund Wjatka befand sich auch bei dem Wachkommando. Es war seine erste Reise ins Ausland, ins befreundete, versteht sich, jedenfalls nannte es die Propaganda so. Als der Zug in Polen an einem schönen Herbsttag zwischen Siedlce und Warschau einmal längere Zeit hielt und die Wachmannschaft – auch sie in einem Viehwaggon, die Türen weit geöffnet – sich mit freiem Oberkörper und unter dem Kopf verschränkten Armen zum Sonnen ausgestreckt hatte, kam Wjatka der historischen Wahrheit schon etwas näher. Ein Trupp junger polnischer Herumtreiber hatte sich dem Zug genähert und den Wagen der Rotarmisten entdeckt. Sie hoben Steine auf und warfen sie in die offenen Schiebetüren. Die Russen, sofort hoch, griffen ihre Kalaschnikoffs und sprangen mit Gebrüll ins Freie. Ein paar Feuerstöße zerrissen die Mittagsstille, aber von den Angreifern keine Spur mehr.

Am nächsten Tag näherte sich der Zug der Oder. Mit noch langsamerem Tempo als sonst fuhr er durch ein verlassenes Städtchen. Junge Birken durchstießen zerfallende Dächer oder wuchsen mit anderen Pflanzen zu den Fenstern hinaus. Zwischen den Katzenköpfen der Hauptstraße wucherte hohes Gras. Auf dem Bahnsteig standen, sozusagen als Vorposten der neuen Macht, drei Männer wie verkleidete Puppen: ein Polizist, ein Pfarrer, ein Fahrdienstleiter. Die beiden Staatsdiener trugen, wie es in Polen üblich ist, ihre Mützen in viereckiger Form, der eine rot, der andere blau, die sogenannte Konföderatka. Lustig war, daß der Pfarrer in Talar und Birett durchaus dazu paßte. Das Birett ist zwar seiner Form nach viel älter als die Konföderatka, aber viereckig ist es auch. An dem Bahnhofsgebäude hing noch der deutsche Name des Ortes: Schwiebus. In Frankfurt an der Oder wurde der Gefangenentransport von den Rotarmisten der ostdeutschen Polizei übergeben. L. P. und Wjatka umarmten sich, beide hatten Tränen in den Augen. Per, der anscheinend so hartgesottene Per. Ein paar Plennis, die das sahen, und auch ein paar verhärmte Zivilisten murrten. Es fiel das Wort Russenknecht oder ein noch schlimmeres. Die hatten keine Ahnung.

Ich denke, mit meinem Alten würde ich ganz gut auskommen. Meinethalb soll er angestellt haben was immer. Eine taube Nuß gewesen in der Schule? Na und? War er ein Neidhammel, ein Verleumder, ein Arschkriecher? So was hört man nicht gerne. Aber das kann nicht sein, wenn nur die Hälfte von dem wahr ist, was P. L. mir erzählt hat. Meinetwegen soll er den kapitalsten Mist vom Zaun gebrochen haben, ich verurteile ihn nicht. Nur in einem Fall würde ich ihn stehenlassen: wenn er im Krieg eine Scherge gewesen wäre mit Schweinereien aller Art und schließlich mit Mord auf dem Gewissen. Das halte ich zwar für kaum wahrscheinlich, aber was weiß man. P. L. sagt in solchem Fall, er habe schon Pferde kotzen sehen kurz vor der Apotheke. Schließlich würde ich sogar dann mit ihm reden, wenn ich nur den Eindruck hätte, sein Irrsinn ginge ihm längst schwer an die Nieren und er würde durchdrehen, wenn er keinen hätte, dem er sich anvertrauen könnte. Wahrscheinlich war er einfach ein großer Versager, auch bei Malvi. Wenn schon! Ich mag keine Väter mit Vorbild-Allüren. Sie machen eine Menge von sich her, und nichts ist dahinter.

Was ist denn mit meinen alten Friedenauern los? Onkel Wilhelm sagt: „Nu werd' ich denn auch bald abwandern zu der großen Armee", und Grandma legt ein Hemd aus dem Vertiko mit den Worten: „Das sollt ihr mir anziehen, wenn ich tot bin." Geben die etwa auf? Menschenskinder, wo denkt ihr denn hin? Ihr müßt doch warten, bis unser Pflaumenaugust nach Hause kommt. Jetzt sollte Grandma sagen: „Junge, wie sprichst du von deinem Vater?" Das wäre die richtige Welle, da hätte ich sie wieder, wo ich sie hinhaben möchte. Aber sie rührt sich nicht, sieht mich nur starr an, als sähe sie durch mich hindurch. Aussichten sind das! Kleinlaut verziehe ich mich nach Lichterfelde.

Otten hat angefangen, Werkzeug zu sammeln. Hätte ihm das jemand zugetraut? Der feine Maxe, kahlköpfiger Personalchef in einem wohlrenommierten großstädtischen Bekleidungshaus, sammelt in seiner Freizeit Gipserkellen! Warum nicht? Er wird mir dadurch nicht gerade sympathisch, aber es ist in meinen Augen doch menschlicher, als wenn er überhaupt nichts interessant gefunden hätte außer seinem verdammten Job. Jetzt sitzt er also zu Hause im Keller und vertreibt sich die Zeit mit Herzkellen, Kantenschiebern, Fummelbrettern, Schmiermännchen, Nutenmeißeln, Federdüllen, Senkloten, Fugensuchern, Nietenquetschern und weiß Gott womit. Über jeses Stück führt er Buch. Seine Eintragungen wechseln der besseren Übersicht wegen in den Farben. Jedes Einzelstück ist mit einem Etikett versehen. Auf den Farbanstrich legt er großen Wert. Er bevorzugt die Kombination Hechtgrau mit Krapprot. Wie Sammler so sind! Ein Psychotherapeut würde sich vielleicht das Seine dabei denken – reine Vermutung von mir, ich kenne mich da nicht aus. Malvi braucht um Geschenke für ihn nicht mehr verlegen zu sein. An Geburtstagen oder zu Weihnachten kauft sie Rosenkranzwaagen, Aufsteckversenker, auch Stahlpanzerkluppen und Zapfenschneider, was ihm noch fehlt eben. Trotzdem findet sie nicht den richtigen Geschmack an der Sammlung. Ich steige manchmal zu Otten in den Keller, nehme das eine oder andere Stück in die Hand, blättere in Katalogen, stelle auch mal eine Frage. Natürlich macht so etwas Eindruck auf jeden Sammler. Dieser hier versucht ein paar Gesten, die freundschaftlich aussehen sollen, aber meist kläglich mißlingen.

Vielleicht ist Ostermann längst entlassen und in den Westen gegangen. Vielleicht will er nichts mehr wissen von Friedenau. Oder er ist heimlich zurückgekommen, geht durch die alten Straßen – in diesem Stadtteil haben sie weniger gelitten als in den meisten anderen – und hält Ausschau in der typisch Ostermannschen Weise, verdeckt von Litfaßsäulen und Lieferwagen, mit dem Blick von unten. Nur nicht auffallen! Gelegentlich in Hausfluren herumlungern, solange keiner kommt. Auf Hinterhöfen nachschauen, ob da noch ein ausgestopftes Pferd steht. Nein, es ist verschwunden. Sogar die Fleißigen Lieschen gibt es nicht mehr. Nur der Efeu ist erneuert worden. Er rankt sich an der Brandmauer des Nachbarhauses langsam empor. Vielleicht steht Ostermann vor dem Eingang zum Gartenhaus, wie Malvi das Hinterhaus nannte, und starrt auf die gefleckten Fliesen, als wollte er sie fragen, ob sie sich seiner Schritte von damals entsinnen würden, denn sie haben sich kaum verändert. Dann schnell weg, die Rotdorn, die Wiesbadener runter zum Friedrich-Wilhelm-Platz, auf einen Omnibus rauf und ab. Oder bleibt er irgendwo stehen und lauert, daß einer von unserer Familie vorbeikommt? Ob wir es merken würden, wenn wir uns begegneten?

Regentag mit vielen Spiegelungen. Mädchen in gelben Stiefeletten sind gezwungen, den Fahrdamm auf Zehenspitzen zu überqueren. Vor den Spritzern der vorbeifahrenden Autos schützt sie das natürlich nicht. Ein Haufen Mäntel, Pelzwesten, Dufflecoats quillt aus Bussen, pulkt über den Damm, durchbricht den Verkehr. Soll ich behaupten, daß ich ihn gesehen habe unter den Passanten? Wen denn? Meinen Großvater mütterlicherseits? Ich habe ihn nicht gekannt. Väterlicherseits? Nicht mal was von ihm gehört. Oder Heinz Ostermann? Auch da muß ich bedauern.

Von der anderen Straßenseite kommt ein reizendes Schottenkostüm, ein fesches Barett mit Pompon, das Gesicht darunter ist erreichbar, wir lächeln uns an. Ich beschließe, mich wohl zu fühlen.